Low Carb - Expresskochbuch für Berufstätige

77 leckere Rezepte unter 25 Minuten für Arbeitnehmer, Studenten und Faule

Food Experts

Inhalt

Einleitung *7*

Low Carb Frühstücks-Rezepte *10*

Knuspriges Käse Omelette 11

Cremiges Low Carb Rührei mit Räucherlachs 12

Pikante Low Carb Zucchini-Walnuss Muffins 13

Ofen-Eier mit Oregano Tomaten 14

Low Carb Limettenquark mit Früchten 15

Chia Pudding mit Erdbeeren 16

Matcha-Joghurt mit Mango 17

Low Carb Pfannkuchen mit Beerensauce 18

Gegrillte Feigen im Speckmantel 19

Pikanter Melonensalat mit knusprigen Speckstreifen 20

Low Carb Frischkäse-Pfannküchlein 21

Erdbeer-Quark mit Kokos 22

Pikanter Low Carb Avokado-Quark mit Sojasprossen 23

Spiegeleier mit Schmelztomaten 24

Blutorangen-Joghurt mit Chia Samen und Lavendel-Salz 25

Leichte Low Carb Rezepte für ein leckeres Mittagessen 26

Geräuchertes Forellenfilet mit Fenchelsalat und Wasabi Dip 27

Spiegeleier & gebratener Geflügel Debreziner . 28

Rahmspinat mit gebratenem Kürbis 29

Würzige Minutensteaks mit Parmesan-Ei 30

Griechische Gemüsepfanne mit rohem Lammschinken 31

Gefüllte Zucchini Toskana Art 32

Nudelsalat mit Konjaknudeln 33

Putensteak mit Kräuter-Frischkäse-Sauce 34

Hühnercurry mit Papaya und Mango 35

Hühnerbrust mit Paprikastreifen 36

Seelachs im Curry-Sud mit Cherry-Tomaten 37

Gebackener Camembert mit Speck 38

Frittata mit Räucherlachs und Dill 39

Wurstsalat: Radieschen Chili und Koriander 40

Gemüse-Taler mit Speck und Käse überbacken 41

Hühnchen Caprese 42

Gebackene Schinken-Käse-Röllchen & Spargel .43

Schnelle Low Carb Hauptgerichte ***44***

Low Carb Schlemmerfilet vom Seelachs 45

Zucchini Spaghetti mit Garnelen & Knoblauch .46

Italienischer Low Carb Burger 47

Szegediner-Gulasch vom Huhn 48

Seeteufel-Spieß auf Salat von Tomaten und Frühlingszwiebel 49

Gefülltes Putenschnitzel mit Käse, Zwiebel und Chili 50

Garnelen mit schwarzem Sesam auf Rucola 51

Rinderfilet mit gebratener Wassermelone 52

Schweinefilet mit Paprika-Gorgonzola-Sauce ...53

Hackfleischpfanne mit Basilikum 54

Hühnerschnitzel in Parmesan-Ei-Hülle 55

Lachs mit Brokkoli und Karfiol aus dem Ofen ...56

Schweinerückensteak mit Kürbiskruste 57

Hühnchen in Champignon-Sauce 58

Zander mit Mandel-Spinat 59

Kalbsschnitzel mit Schafskäse und Speck
gratiniert 60

Rehfilet auf Ofenkürbis 61

Cremige Hackfleischpfanne mit Pilzen 62

Low Carb Snacks und Beilagen **63**

Humus mit Staudensellerie 64

Kleine Low Carb Auberginen Pizza 65

Gebackene Zucchini-Sticks 66

Karotten-Küchlein 67

Honigschinken Omelette 68

Low Carb Möhren Cheesy Fries 69

Paprika mit Camembert überbacken 70

Gebackener grüner Spargel mit Chili und
Erdbeer-Dip 71

Pfannkuchen mit Speck und Frischkäse 72

Low Carb Getränke **73**

Low Carb Eiweißshake 74

Grüner Smoothie mit Mango und Ingwer 75

Mit Melone aromatisiertes Wasser oder Soda . 76

Matcha Shake 77

Chai Latte heiß oder kalt 78

Fruchtiger Low Carb Beeren-Shake 79

Low Carb Eiskakao mit Mandelmilch 80

Tropischer Low Carb Eiweiß-Shake 81

Low Carb Desserts 82

Gebackenes Low Carb Eis im Baisermantel 83

Low Carb Frozen Joghurt 84

Gratinierte Beeren 85

Apfel Crumble mit Low Carb Streusel 86

Verführerische Low Carb Brownies 87

Low Carb Muffins mit Ingwer und Vanille 88

Low Carb Schokoladen-Eis 89

Crepes mit Beeren-Mus 90

Joghurt Pudding mit Gelee 91

Low Carb Karotten-Muffins mit Zimt & Kakao .. 92

Bonus zur maximalen Fettverbrennung 93

Einleitung

Low Carb ist in aller Munde, und jeder, der ein paar Kilos verlieren, oder sich gesünder ernähren möchte, denkt über eine Low Carb Ernährung nach. Das beste an dieser Ernährungs-Form ist, niemand muss lästige Kalorien zählen und es gibt so gut wie keine Verbote. Lediglich auf raffinierten Zucker und viele Kohlenhydrate wird beim Low Carb verzichtet. Doch keine Panik, auch wenn Sie nun Reis, Teigwaren und weißes Mehl auf die schwarze Liste setzen, es gibt für alles eine schmackhafte und auch gesunde Alternative. Egal ob Sie mit Mandelmehl oder Kokosmehl backen, die Speisen mit vielen Kräutern aromatisieren, oder tolle Alternativen zu Reis und Nudeln entdecken, Low Carb Ernährung ist garantiert abwechslungsreich und schmeckt wunderbar. Niemand käme hier auf die Idee, dass es sich um eine Diät handelt, und trotzdem purzeln die Kilos beinahe automatisch. Viele Vegetarier haben Scheu, sich nach Low Carb Prinzip zu ernähren, da meist alle Gerichte auf Fleischbasis aufgebaut sind. Sie können jedoch bei sämtlichen Rezepten zu Tofu anstatt Fleisch greifen. verwenden Sie unterschiedlichen Tofu. Es gibt mittlerweile im Handel so viele verschiedene Tofu-Sorten. Von weichem und cremigem Seidentofu über schnittfesten Tofu bis hin zu geräuchertem Tofu und Tofu mit vielen Kräutern und Gewürzen ist alles zu erhalten.

Eine Low Carb Ernährung lebt nicht von Verzicht. Sie ersetzen lediglich sämtliche Kohlenhydrate durch eiweißreiche Lebensmittel, an denen Sie sich auch ordentlich satt schlemmen können.

Um Ihre Erfolge wirklich ordentlich verfolgen zu können, sollten Sie Sich vor Beginn der Diät abwiegen und auch abmessen. Notieren Sie diese Daten auch. Ganz wichtig dabei ist, dass Sie auch den Bauch abmessen. Schon nach den ersten Tagen werden Sie sehen, Ihr Bauch wird flacher. Auch wenn Sie noch kaum an Gewicht verloren haben ist dieses Phänomen zu bemerken. Durch den Verzicht auf Kohlenhydrate entstehen weniger Gärstoffe und Sie fühlen Sich weniger aufgebläht. Das ist auch sichtbar. Wundern Sie Sich also nicht, wenn Sie schon nach drei Tagen mit Komplimenten überhäuft werden, dass Sie schlanker aussehen. Komplimente schaden nie, und sind Balsam für die Seele.

Auch während Ihrer Diät sollten Sie Sich immer wieder wiegen. Spätestens jeden zweiten Tag müssen Sie morgens oder abends auf die Waage steigen. Am besten immer zur gleichen Zeit. So haben Sie Ihr Gewicht schön im Überblick und können gegebenenfalls eingreifen. In den ersten zwei Wochen wird das Gewicht rasch purzeln, später geht es etwas langsamer. Sollten Sie aber zwischendurch für einige Tage gar keine Veränderung bemerken, dann müssen Sie irgendetwas verändern. Oft hilft es, vor dem Schlafen eine ordentliche Portion Eiweiß zu Ihnen zu nehmen.

Dazu richten Sie einfach einen Eiweiß-Shake her. Sie können ungezuckertes Whey Pulver aus dem Fachhandel verwenden. Ganz günstig und einfach geht es aber auch, wenn Sie etwas Magerquark mit einem kleinen Becher Naturjoghurt, dem Saft einer Zitrone und etwas Süßstoff vermischen. Dieser Proteinsnack kurbelt den Stoffwechsel zusätzlich an und ist ein tolles Essen zu später Stunde, weil Sie dadurch quasi im Schlaf abnehmen.

In diesem kleinen Kochbuch möchten wir Ihnen nun Low Carb Gerichte vorstellen, die Sie ihn kürzester zeit zu Hause zubereiten können. Häufig scheitert eine gesunde Ernährung rein am Zeitfaktor. Wer spät abends von der Arbeit nach Hause kommt ist eher versucht, eine Pizza oder Lasagne in den Ofen zu schieben, als sich noch eine Stunde oder länger an den Herd zu stellen. Hier kommen nun unsere Rezepte zum Einsatz. Für diese Gerichte stehen Sie nicht länger als maximal 25 Minuten in der Küche und können im Anschluss ein schmackhaftes und auch gesundes Essen genießen, das sich mit wenig Kohlenhydraten garantiert nicht auf Ihren Hüften breit macht. Zusätzlich werden Sie bemerken, dass Sie sich mit dieser Ernährung grundsätzlich fitter und vitaler fühlen, da der Körper automatisch entsäuern kann und nicht durch Kohlenhydrate belastet wird.

Wir haben für Sie einen bunten Querschnitt vorbereitet und Sie finden hier tolle Anregungen für Frühstück, kleine Mittagessen, Abendessen und Snacks. Auch für Beilagen, Getränke und Desserts haben wir tolle Rezepte für Sie vorbereitet. Nun wollen wir Sie jedoch nicht mehr länger auf die Folter spannen, sondern gleich mit unseren leckeren Rezepten starten. Wir wünschen gutes Gelingen, viel Freude am Kochen und Mahlzeit.

Low Carb Frühstücks-Rezepte

Das Frühstück gilt als wichtigste Mahlzeit des Tages, und natürlich ist es wichtig, dass Sie nicht mit knurrendem Bauch zur Arbeit fahren. Diese Rezepte lassen sich schnell zubereiten, falls Sie morgens noch nicht viel Appetit haben, können Sie diese Gerichte auch bequem als Jause mit zur Arbeit nehmen.

Knuspriges Käse Omelette

Kalorien: 248,1 kcal | Eiweiß: 22,2 Gramm | Fett: 17,3 Gramm | Kohlenhydrate: 0,9 Gramm

Zubereitungszeit: 10 Minuten

Zutaten für eine Portion:

1 EL Parmesan fein gerieben | 2 Eier | 2 Scheiben Gouda | Pfeffer | Thymian gerebelt

Zubereitung:

1. Den Parmesan in einer beschichteten Pfanne ohne Öl verteilen und leicht schmelzen lassen.
2. In der Zwischenzeit die Eier verquirlen und mit Pfeffer und Thymian würzen.
3. Die gewürzten Eier nun langsam über den geschmolzenen Parmesan gießen.
4. Nun den Gouda darauf verteilen und das Ei stocken lassen.
5. Mit einer Eispachtel das Omelette vorsichtig zusammenklappen ohne Hitze für eine Minute ziehen lassen.
6. Anrichten und nach Bedarf mit frischen Kräutern bestreuen.
7. Sie sollten für das Omelette kein Salz benötigen, da Parmesan und Gouda salzig genug sind.

Cremiges
Low Carb Rührei mit Räucherlachs

Kalorien: 285,7 kcal | Eiweiß: 23,2 Gramm | Fett: 20,5 Gramm | Kohlenhydrate: 2,1 Gramm

Zubereitungszeit: 8 Minuten

Zutaten für eine Portion:

2 Eier | 2 EL Sahne | Himalaya Salz | Pfeffer | 1/2 TL Dill gehackt | 50 Gramm Räucherlachs | etwas Abrieb einer unbehandelten Bio Zitrone

Zubereitung:

1. Die Eier mit der Sahne verquirlen und sparsam mit Salz und Pfeffer würzen.
2. In einer beschichteten Pfanne ohne Fett zu einem nicht zu trockenen Rührei verarbeiten.
3. Den Lachs in Streifen schneiden und unter das Rührei mengen.
4. Mit dem Abrieb der Zitrone aromatisieren und anrichten.
5. Vor dem Servieren großzügig mit Dill bestreuen.
6. Wenn Sie Dill nicht so gerne mögen können Sie auch Schnittlauch, Petersilie oder Koriander verwenden.

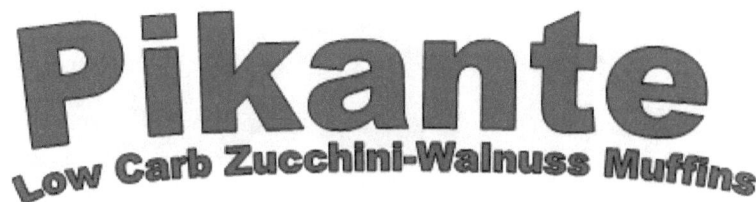

Pikante
Low Carb Zucchini-Walnuss Muffins

Kalorien: 297,4 kcal | Eiweiß: 52,1 Gramm | Fett: 41 Gramm | Kohlenhydrate: 12,5 Gramm

Zubereitungszeit: 23 Minuten

Zutaten für 4 Muffins:

2 Eier | 4 EL Quark | 80 Gramm Mandelmehl | 1 Messerspitze Natron | 4 EL gehackte Walnüsse | 1 Zucchini fein gerieben | Himalaya Salz und Pfeffer

Zubereitung:

1. Die Eier trennen und das Eiklar mit dem Schneebesen oder Handmixer zu einem steifen Schnee schlagen.
2. Die Eidotter mit dem Quark glatt rühren und sparsam mit Salz und Pfeffer würzen.
3. Das Mandelmehl mit dem Natron, den gehackten Nüssen und der fein geriebenen Zucchini vermengen und mit dem Dotter vermischen.
4. Den Eischnee behutsam unterheben und die Teigmasse in vier Backformen füllen.
5. Die Muffins werden im Backrohr bei 180° Celsius und unter Verwendung von Ober,- und Unterhitze für 15 Minuten gebacken.

Ofen-Eier mit Oregano Tomaten

Kalorien: 204,6 kcal | Eiweiß: 13,4 Gramm | Fett: 15,8 Gramm | Kohlenhydrate: 2,2 Gramm

Zubereitungszeit: 9 Minuten

Zutaten für eine Portion:

2 Eier | 1 Tomate | Oregano frisch oder getrocknet | Himalaya Salz und Pfeffer | 1/2 TL Olivenöl

Zubereitung:

1. Die Tomate in Scheiben schneiden und in eine kleine Auflaufform schichten.
2. Mit Salz, Pfeffer und Oregano würzen und mit dem Olivenöl beträufeln.
3. Die Eier darüber schlagen und das Auflauf Förmchen ins auf 200° Celsius vorgeheizte Backrohr schieben.
4. Die Eier für 6 Minuten bei Ober,- und Unterhitze backen und nach Bedarf mit frischen Kräutern bestreuen.

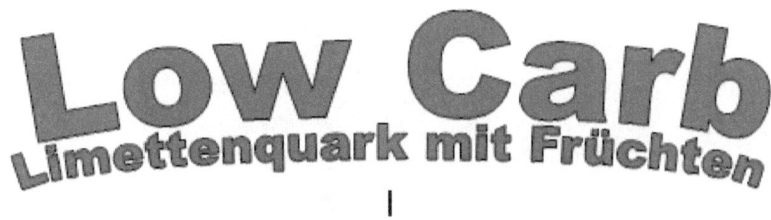

Low Carb
Limettenquark mit Früchten

Kalorien: 172,8 kcal | Eiweiß: 17,5 Gramm | Fett: 6 Gramm | Kohlenhydrate: 12,2 Gramm

Zubereitungszeit: 6 Minuten

Zutaten für eine Portion:

150 Gramm Quark | 2 EL Sahne | Saft und Abrieb einer halben unbehandelten Bio Limette | 1 Spritzer Süßstoff oder etwas Stevia | 20 Gramm Brombeeren | 20 Gramm Himbeeren | 20 Gramm Blaubeeren | einige Minzeblätter oder Zitronenmelisse zum Dekorieren

Zubereitung:

1. Den Quark mit der Sahne glatt rühren, mit Saft und Abrieb der Limette aromatisieren und mit dem Süßstoff nach Bedarf süßen.
2. In eine Schüssel füllen und mit den Beeren bedecken.
3. Vor dem Genießen mit Minze oder Melisse garnieren.
4. Sie können den Quark auch wunderbar bereits am Vorabend zubereiten und im Kühlschrank lagern.

Chia Pudding mit Erdbeeren

Kalorien: 150 kcal | Eiweiß: 8,6 Gramm | Fett: 6,8 Gramm | Kohlenhydrate: 13,6 Gramm

Zubereitungszeit: 6 Minuten - der Pudding sollte aber unbedingt einige Stunden quellen

Zutaten für eine Portion:

150 Gramm Joghurt | 1 TL Xylit oder Stevia | 1 TL Chia Samen | einige Thymianblätter frisch | 80 Gramm Erdbeeren

Zubereitung:

1. Den Joghurt mit dem Süßstoff und den Chia Samen verrühren.
2. Mit dem Thymian aromatisieren und am besten über Nacht im Kühlschrank quellen lassen.
3. Vor dem Servieren die Erdbeeren klein schneiden und unterheben.
4. Sie können den Chia Pudding zusätzlich mit einem Spritzer Zitronensaft oder einer Prise Zimt verfeinern.

Matcha-Joghurt mit Mango

Kalorien: 145 kcal | Eiweiß: 8,9 Gramm | Fett: 4,6 Gramm | Kohlenhydrate: 17 Gramm

Zubereitungszeit: 6 Minuten

Zutaten für eine Portion:

130 Gramm Joghurt | 2 EL Frischkäse | 1 gestrichener TL Matcha Pulver | etwas Abrieb einer unbehandelten Bio Limette | 1/2 Mango

Zubereitung:

1. Das Joghurt mit dem Frischkäse glatt rühren und das Matcha Pulver mit dem Schneebesen einarbeiten, damit keine Klümpchen entstehen.
2. Die Mango schälen und in kleine Würfel schneiden.
3. Zusammen mit dem Abrieb der Limette unter das Joghurt heben.
4. Sie könne das Joghurt bequem am Vorabend zubereiten, im Kühlschrank lagern und zum Frühstück genießen.

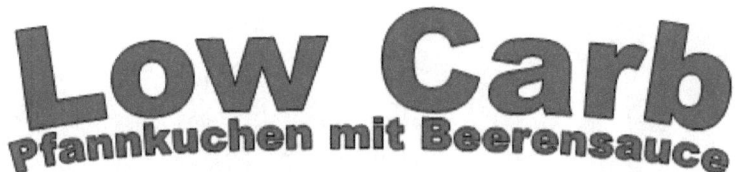

Kalorien: 343,9 kcal | Eiweiß: 33,8 Gramm | Fett: 17,9 Gramm | Kohlenhydrate: 11,9 Gramm

Zubereitungszeit: 13 Minuten

Zutaten für eine Portion:

2 Eier | 80 ml fettarme Milch | 3 EL Mandelmehl | 1 Prise Himalaya Salz | 60 Gramm Beeren-Mix frisch oder TK | 1 Spritzer Süßstoff flüssig | 40 ml Buttermilch

Zubereitung:

1. Die Eier mit der Milch verquirlen und mit dem Mandelmehl glatt rühren.
2. Vorsichtig mit einer Prise Himalaya Salz würzen.
3. Aus diesem dickflüssigen Teig in einer beschichteten Pfanne ohne Fett kleine Pfannkuchen backen.
4. Die Beeren mit der Buttermilch pürieren und mit Süßstoff süßen.
5. Die Sauce zusammen mit den Pfannkuchen anrichten.
6. Sie können die Beeren bequem mit einem Stabmixer pürieren.

Gegrillte Feigen im Speckmantel

Kalorien: 108,6 kcal | Eiweiß: 6,2 Gramm | Fett: 3 Gramm | Kohlenhydrate: 14,2 Gramm

Zubereitungszeit: 6 Minuten

Zutaten für eine Portion:

1 Feige | 4 Scheiben rohen Schinken wie Schwarzwälder Schinken | etwas Rosmarin

Zubereitung:

1. Die Feige vierteln, mit fein gehacktem Rosmarin würzen und in den Schinken wickeln.
2. In einer Grillpfanne ohne Fett von allen Seiten knusprig braten.
3. Die Feigen schmecken nicht nur zum Frühstück, sondern auch als kleiner Snack zwischendurch einfach hervorragend.

Pikanter Melonensalat mit knusprigen Speckstreifen

Kalorien: 107,2 kcal | Eiweiß: 6,4 Gramm | Fett: 6 Gramm | Kohlenhydrate: 6,9 Gramm

Zubereitungszeit: 10 Minuten

Zutaten für eine Portion:

120 Gramm Honigmelone | Saft und Abrieb einer halben, unbehandelten Bio Limette | 1 EL Zitronenmelisse fein gehackt | schwarzer Pfeffer frisch gemahlen | 2 EL Speck gewürfelt

Zubereitung:

1. Die Melone in etwa 1 cm große Würfel schneiden und mit dem Saft und Abrieb der Limette marinieren.
2. Die Zitronenmelisse und den gemahlenen Pfeffer untermengen.
3. Den Speck in einer beschichteten Pfanne ohne Fett knusprig braten, kurz auskühlen lassen und unter die Melone mengen.
4. Zum Melonensalat schmeckt eine Scheibe Eiweißbrot hervorragend, die Sie zusammen mit dem Speck in der beschichteten Pfanne rösten können.
5. Dadurch nimmt das Brot die würzigen Aromen des Specks auf.

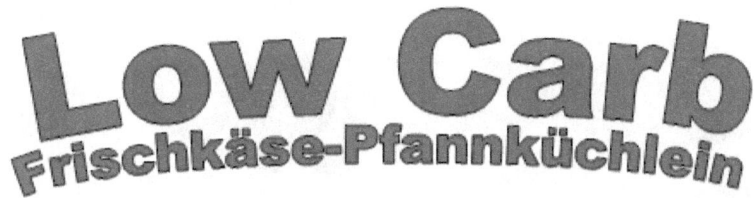

Low Carb Frischkäse-Pfannküchlein

Kalorien: 337,9 kcal | Eiweiß: 32,8 Gramm | Fett: 20,3 Gramm | Kohlenhydrate: 6,6 Gramm

Zubereitungszeit: 11 Minuten

Zutaten für eine Portion:

50 Gramm Frischkäse | 2 EL fettarme Milch | 2 Eier | 4 EL Mandelmehl oder Kokosmehl | 1 Messerspitze Backpulver | etwas Vanille Aroma | 1 Prise Himalaya Salz | etwas Süßstoff, Stevia oder Xylit | 1 TL Butter

Zubereitung:

1. Den Frischkäse mit der Milch glatt rühren.
2. Die Eier verquirlen und einrühren.
3. Mit dem Schneebesen das Mandelmehl und das Backpulver einarbeiten und mit Vanille, Salz und Süßstoff abschmecken.
4. Den Teig in einer Pfanne mit geschmolzener, heißer Butter zu kleinen Pfannküchlein backen. Diese von beiden Seiten für etwa 1,5 Minuten goldbraun backen.

Erdbeer-Quark mit Kokos

Kalorien: 298,8 kcal | Eiweiß: 21,5 Gramm | Fett: 20,4 Gramm | Kohlenhydrate: 7,3 Gramm

Zubereitungszeit: 8 Minuten

Zutaten für eine Portion:

100 Gramm Quark | 50 ml Kokosmilch | Saft einer halben Bio Limette | etwas Süßstoff oder Stevia | 2 EL Kokosraspeln geröstet | 60 Gramm Erdbeeren

Zubereitung:

1. Den Quark mit der Kokosmilch glatt rühren und mit Limettensaft und Süßstoff abschmecken.
2. Die Erdbeeren klein schneiden und in den Quark rühren.
3. In eine Schüssel geben und mit den gerösteten Kokosraspeln bestreuen.
4. Diese Quark lässt sich herrlich am Vortag vorbereiten und im Kühlschrank lagern.
5. Sie können den Quark auch toll in einer Kunststoff-Box mit zur Arbeit nehmen.

Pikanter Low Carb Avokado-Quark mit Sojasprossen

Kalorien: 168,5 kcal | Eiweiß: 20,4 Gramm | Fett: 8,1 Gramm | Kohlenhydrate: 3,5 Gramm

Zubereitungszeit: 8 Minuten

Zutaten für eine Portion:

1/4 Avokado | 100 Gramm Quark | Himalaya Salz und Pfeffer | 1 Spritzer Zitronensaft | 10 Gramm Sojasprossen

Zubereitung:

1. Die Avokado schälen und mit der Gabel zerdrücken.
2. Mit dem Quark glatt rühren und mit Salz, Pfeffer und Zitronensaft abschmecken.
3. In eine Schüssel füllen und mit den Sprossen bestreuen.
4. Sie können zu Hause selbst bequem diverse Sprossen ziehen und sämtliche Sprossen ihrer Wahl verwenden.
5. Sprossen sind tolle Lieferanten von Vitaminen und Mineralstoffen, zudem haben sie so gut wie keine Kohlenhydrate.

Spiegeleier mit Schmelztomaten

Kalorien: 232,1 kcal | Eiweiß: 13,6 Gramm | Fett: 18,5 Gramm | Kohlenhydrate: 2,8 Gramm

Zubereitungszeit: 10 Minuten

Zutaten für eine Portion:

2 Eier | 1 Tomate | 1 Schalotte | 2 TL Olivenöl | 1/2 TL Rosmarin fein gehackt | Himalaya Salz und Pfeffer

Zubereitung:

1. Die Tomate in sechs Teile schneiden und grob von Kernen befreien.
2. Die Schalotte klein würfeln und Tomate und Schalotte zusammen un eine TL Olivenöl bei mittlerer Hitze glasig anschwitzen.
3. Mit dem Rosmarin, Salz und Pfeffer würzen und für 5 Minuten braten.
4. Die Eier im restlichen Olivenöl zu Spiegeleiern braten und zusammen mit den Tomaten anrichten.
5. Genießen Sie dazu eine schöne Scheibe Eiweißbrot.

Blutorangen-Joghurt
mit Chia Samen und Lavendel-Salz

Kalorien: 111 kcal | Eiweiß: 5,8 Gramm | Fett: 5 Gramm | Kohlenhydrate: 10,7 Gramm

Zubereitungszeit: 6 Minuten Die Chia Samen sollten für mindestens 1 Stunde quellen

Zutaten für eine Portion:

1/2 Blutorange filetiert | 100 Gramm Joghurt | 1 TL Chia Samen | etwas Süßstoff, Stevia oder Xylit | 1 Prise Lavendel-Salz

Zubereitung:

1. Die Blutorange mit dem Joghurt und den Chia Samen im Standmixer pürieren.
2. Mit Süßstoff und Salz würzen und für etwa eine Stunde im Kühlschrank quellen lassen.
3. Sie können diesen Joghurt auch bequem am Vorabend zubereiten und im Kühlschrank lagern.

Leichte Low Carb Rezepte für ein leckeres Mittagessen

Die Rezepte für Mittagessen sind im Handumdrehen nachgekocht, schmecken absolut lecker, sind gesund und belasten den Körper nicht. Oft wird das Mittagessen gerade bei Berufstätigkeit ausgelassen, weil schwere Gerichte einfach müde machen. Nach diesen Mittagessen können Sie aber gesättigt und mit viel Elan mit Ihrem üblichen Tagesablauf fortfahren. Viele dieser Gerichte lassen sich auch bequem mit zur Arbeit nehmen und schmecken selbstverständlich auch als Abendessen absolut gut. Unsere Gerichte für früh, mittags und abends sollten Ihnen nur einen Richtwert vermitteln, Sie können den Speiseplan natürlich nach Lust und Laune gestalten. Achten Sie darauf, dass sich Ihre tägliche Bilanz an Kohlenhydraten immer im Bereich von 30 Gramm beläuft.

Geräuchertes Forellenfilet mit Fenchelsalat und Wasabi Dip

Kalorien: 239,3 kcal | Eiweiß: 28,3 Gramm | Fett: 10,9 Gramm | Kohlenhydrate: 7 Gramm

Zubereitungszeit: 10 Minuten

Zutaten für eine Portion:

120 Gramm geräucherte Forelle | 1/2 Knolle Fenchel | 1 Orange filetiert | 1 Messerspitze Kardamom | 1/2 TL Dill gehackt | 1 TL Walnuss Öl | Himalaya Salz und Pfeffer | 2 EL Sauerrahm | 1 Spritzer Limettensaft | 1/2 Messerspitze Wasabi Paste

Zubereitung:

1. Den Fenchel fein raspeln, die Orange in Stücke schneiden und mit dem Fenchel vermengen. Mit Kardamom, Dill, Walnuss Öl, Salz und Pfeffer abschmecken.
2. Den Sauerrahm mit dem Limettensaft und der Wasabi Paste glatt rühren.
3. Je nach eigenem Geschmack können Sie mehr oder weniger Wasabi verwenden.
4. Alternativ funktioniert dafür auch Meerrettich.
5. Die Forelle mit dem Salat und dem Dip anrichten und genießen.

Spiegeleier mit gebratener Geflügel Debreziner

Kalorien: 543,2 kcal | Eiweiß: 27,8 Gramm | Fett: 47,1 Gramm | Kohlenhydrate: 2 Gramm

Zubereitungszeit: 11 Minuten

Zutaten für eine Portion:

2 Eier | 2 TL Pflanzenöl | Salz und Pfeffer | 1 EL Schnittlauch in Röllchen geschnitten | 2 Stück Geflügel Debreziner | 3 Cherry Tomaten

Zubereitung:

1. Die Tomaten halbieren. Die Eier in einem EL Öl zu Spiegeleiern braten.
2. Darauf noch in der Pfanne die Cherry Tomaten verteilen, salzen und pfeffern.
3. Die Würstchen mit einem Messer leicht einritzen und im restlichen Öl rundherum für etwa 3 Minuten anbraten.
4. Die Spiegeleier anrichten, mit Schnittlauch bestreuen und mit den Debreziner Würstchen essen.
5. Sie können auch Wiener Würstchen oder Frankfurter Geflügelwürstchen verwenden.
6. Achten Sie darauf, dass die Würste ohne Mehl hergestellt wurden.

Rahmspinat mit gebratenem Kürbis

Kalorien: 292,6 kcal | Eiweiß: 8,7 Gramm | Fett: 24,2 Gramm | Kohlenhydrate: 10,6 Gramm

Zubereitungszeit: 23 Minuten

Zutaten für eine Portion:

80 Gramm Blattspinat | 1/2 rote Zwiebel | 1 Knoblauchzehe | 1 TL Butter | 50 ml Sahne | 1 EL Hüttenkäse | Himalaya Salz und Pfeffer | etwas Muskat gerieben | 80 Gramm Hokkaido Kürbis | 1 TL Olivenöl | 1/2 TL Rosmarin gehackt | 1 TL Kürbiskerne geröstet und gehackt

Zubereitung:

1. Zwiebel und Knoblauch klein schneiden und in Butter glasig anschwitzen.
2. Mit der Sahne aufgießen und den Hüttenkäse einrühren.
3. Den Blattspinat hinzufügen und für 2 Minuten köcheln lassen. Mit Salz, Pfeffer und Muskat abschmecken und von der Hitze nehmen.
4. Den Kürbis schälen und in 1/2 cm dicke Stücke schneiden.
5. Diese im Olivenöl von allen Seiten goldbraun braten, mit Salz, Pfeffer und Rosmarin würzen und zusammen mit dem Spinat anrichten.
6. Alles großzügig mit den gehackten und gerösteten Kürbiskernen bestreuen.
7. Sie können die Kürbiskerne auch selbst in einer Pfanne ohne Öl rösten. Dadurch entwickeln sie ein sehr intensives Aroma.

Würzige Minutensteaks mit Parmesan-Ei

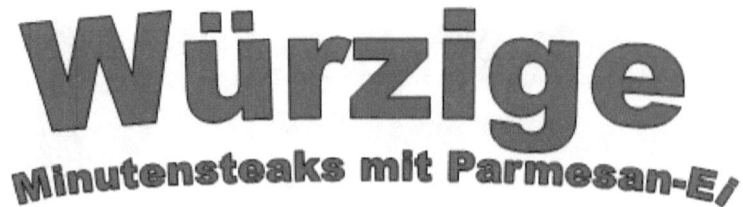

Kalorien: 346 kcal | Eiweiß: 39,8 Gramm | Fett: 20,4 Gramm | Kohlenhydrate: 0,8 Gramm

Zubereitungszeit: 12 Minuten

Zutaten für eine Portion:

140 Gramm Minutensteaks, (Schwein, Rind oder Geflügel) | 1/2 TL Olivenöl | 1/2 TL Currypaste rot aus dem Asia Laden | 1 Ei | 1 EL Parmesan fein gerieben

Zubereitung:

1. Das Olivenöl mit der roten Currypaste gut verrühren und das Fleisch damit gut bepinseln.
2. Nun das Fleisch in einer Grillpfanne ohne Fett bei starker Hitze auf beiden Seiten für je eine Minute anbraten.
3. In einer beschichteten Pfanne ein Spiegelei braten, dieses mit Parmesan bestreuen und zusammen mit dem Fleisch anrichten.
4. Ein kleiner Blattsalat mit einem Dressing aus Joghurt und Zitronensaft passt hervorragend zu den Minutensteaks.

Griechische Gemüsepfanne mit rohem Lammschinken

Kalorien: 297,9 kcal | Eiweiß: 17,5 Gramm | Fett: 21,5 Gramm | Kohlenhydrate: 8,9 Gramm

Zubereitungszeit: 20 Minuten

Zutaten für eine Portion:

1/2 Zucchini | 1/4 gelbe Paprika | 1/4 rote Paprika | 1/4 Aubergine | 1/2 rote Zwiebel | 2 Tomaten | 1 EL Olivenöl | Thymian | Himalaya Salz und Pfeffer | 50 Gramm Schafskäse schnittfest | 30 Gramm Lammschinken hauchdünn geschnitten

Zubereitung:

1. Zucchini, Paprika, Aubergine, Zwiebel und Tomate in 1 cm große Würfel schneiden.
2. Zusammen im Olivenöl für etwa 10 Minuten anrösten.
3. Ständig umrühren, damit das Gemüse nicht zu dunkel wird.
4. Mit Salz und Pfeffer abschmecken und mit Thymian aromatisieren.
5. Auf einem Teller anrichten und den Schafskäse darüber zerbröseln.
6. Den Lammschinken darüber drapieren.
7. Sie können anstatt Lammschinken auch Bündnerfleisch oder Prosciutto verwenden.

Gefüllte Zucchini Toskana Art

Kalorien: 149,5 kcal | Eiweiß: 7 Gramm | Fett: 5,5 Gramm | Kohlenhydrate: 18 Gramm

Zubereitungszeit: 23 Minuten

Zutaten für eine Portion:

1 Zucchini | 1 Schalotte | 60 Gramm Kirschtomaten | 1 Feige | 1/2 Birne | 8 Oliven schwarz oder grün | Himalaya Salz und Pfeffer | Basilikum frisch oder getrocknet | 2 EL Parmesan

Zubereitung:

1. Die Zucchini der Länge nach aufschneiden und mit einem Löffel vorsichtig das Kerngehäuse heraus kratzen.
2. Die Schalotte, Kirschtomaten, Feige und Birne klein schneiden und vermengen.
3. Mit Salz und Pfeffer würzen und die Zucchini damit befüllen.
4. Die Oliven leicht in die Fülle drücken und mit dem Basilikum bestreuen.
5. Abschließend den Parmesan darüber verteilen und die Zucchini auf ein mit Backpapier ausgelegtes Backblech geben.
6. Im Backrohr bei 200° Celsius für 15 Minuten bei Ober,- und Unterhitze backen.

Nudelsalat mit Konjaknudeln

Kalorien: 318 kcal | Eiweiß: 19,6 Gramm | Fett: 21,2 Gramm | Kohlenhydrate: 12,2 Gramm

Zubereitungszeit: 15 Minuten

Zutaten für eine Portion:

50 Gramm Konjak Nudeln | 1/4 grüne Paprika | 1/2 gelbe Paprika | 1/2 Apfel rot | 1/2 Salatgurke | 20 Gramm Putenschinken gewürfelt | 1 EL Walnüsse gehackt | 20 Gramm Schnittkäse nach Wahl gewürfelt | 1/2 Chicoree rot | Saft und Abrieb einer halben unbehandelten Bio Zitrone | 1 EL Schmand | Himalaya Salz und Pfeffer | 1 EL Schnittlauch gehackt | 1 TL Kerbel gehackt

Zubereitung:

1. Die Konjak Nudeln abspülen und laut Packungsanweisung kurz kochen oder blanchieren.
2. Mit kaltem Wasser abschrecken und zur Seite stellen.
3. Den Saft und Abrieb der Zitrone mit dem Schmand glatt rühren und mit Schnittlauch und Kerbel vermengen. Kräftig salzen und pfeffern.
4. Paprika fein würfeln, den Apfel und die Gurke grob raspeln, den Chicoree in Streifen schneiden und alles zusammen mit dem gewürfelten Putenschinken verrühren.
5. Die Walnüsse untermengen und auch den Käse einmengen.
6. Die Konjak Nudeln unterheben und mit der zubereiteten Marinade versetzen.
7. Kurz nach Bedarf nachwürzen und genießen.

Putensteak mit Kräuter-Frischkäse-Sauce

Kalorien: 231,6 kcal | Eiweiß: 36,9 Gramm | Fett: 7,2 Gramm | Kohlenhydrate: 4,8 Gramm

Zubereitungszeit: 16 Minuten

Zutaten für eine Portion:

150 Gramm Putensteak | 1 Schalotte | 1 Knoblauchzehe | 1 TL Butter | 1 EL Zitronensaft | 80 ml Brühe | 1 EL Frischkäse | 1/2 TL gehackte Petersilie | 1/2 TL gehackter Estragon | 1/2 TL gehackter Koriander | Himalaya Salz | weißer Pfeffer

Zubereitung:

1. Das Fleisch salzen und pfeffern und in einer Grillpfanne ohne Fett von beiden Seiten für je zwei Minuten grillen.
2. Die Schalotte und den Knoblauch klein schneiden und zusammen in der Butter hell anschwitzen.
3. Mit dem Zitronensaft ablöschen und sofort mit der Brühe aufgießen.
4. Kurz aufkochen lassen und den Frischkäse mit einem Schneebesen einrühren.
5. Die Sauce von der Flamme nehmen und die Kräuter einrühren.
6. Mit Salz und Pfeffer abschmecken, das Fleisch kurz in die Sauce legen, eine Minute ziehen lassen, servieren und schlemmen.

Hühnercurry mit Papaya und Mango

Kalorien: 317 kcal | Eiweiß: 42,9 Gramm | Fett: 10,2 Gramm | Kohlenhydrate: 13,4 Gramm

Zubereitungszeit: 14 Minuten

Zutaten für eine Portion:

130 Gramm Hühnerbrust ohne Haut | 1/2 rote Zwiebel | 1 EL Pflanzenöl | 1/2 TL Currypulver gelb | Saft einer halben Limette | 1/2 Stange Staudensellerie | 1/2 Mango | 50 Gramm Papaya | 80 ml Brühe | 3 EL Joghurt | 1 rote Chili | etwas Himalaya Salz | 1 EL gehackter Koriander

Zubereitung:

1. Das Hühnchen in dünne Streifen schneiden und die Zwiebel fein würfeln.
2. Beides zusammen im Öl für zwei Minuten scharf anbraten.
3. Mit dem Currypulver bestreuen und den Curry kurz anrösten lassen. Mit dem Limettensaft ablöschen und sofort mit der Brühe aufgießen.
4. Staudensellerie, Mango und Papaya in 1 cm große Würfel schneiden und ebenfalls in die Pfanne geben. Die Chilli klein hacken oder Mörsern und mit dem Joghurt verrühren.
5. Das scharfe Joghurt nun in die Brühe einrühren und dezent mit Salz würzen.
6. Das Gericht vor dem Servieren großzügig mit gehacktem Koriander bestreuen.
7. Sie können anstatt Koriander auch Petersilie verwenden und die Chili durch etwas Pfeffer ersetzen, falls Sie es milder mögen.

Hühnerbrust mit Paprikastreifen

Kalorien: 263,1 kcal | Eiweiß: 47,1 Gramm | Fett: 5,1 Gramm | Kohlenhydrate: 7,2 Gramm

Zubereitungszeit: 22 Minuten

Zutaten für eine Portion:

140 Gramm Hühnerbrust ohne Haut | Himalaya Salz und Pfeffer | Paprikapulver mild | 1/4 rote Paprika | 1/4 gelbe Paprika | 1/4 grüne Paprika | 1/2 rote Zwiebel | 1 EL Frischkäse | 2 Zweige Thymian

Zubereitung:

1. Die Hühnerbrust in drei gleichgroße Stücke schneiden und mit Salz, Pfeffer und Paprika einreiben.
2. Paprika und Zwiebel in Streifen schneiden alles vermengen und zusammen in eine kleine Auflaufform geben.
3. Salzen, pfeffern und mit Thymian aromatisieren.
4. Die Hühnerbrust darauf legen und den Frischkäse darüber verteilen.
5. Nun in den auf 180° Celsius vorgeheizten Backofen schieben und für 15 Minuten bei Umluft backen.
6. Aus dem Ofen nehmen, auf einem Teller anrichten und genießen.

Seelachs im Curry-Sud mit Cherry-Tomaten

Kalorien: 289,8 kcal | Eiweiß: 27,9 Gramm | Fett: 17,5 Gramm | Kohlenhydrate: 5,4 Gramm

Zubereitungszeit: 18 Minuten

Zutaten für eine Portion:

130 Gramm Seelachs filetiert | 1 Schalotte | 1 Knoblauchzehe | 1/2 TL Pflanzenöl | 1/2 TL Currypulver gelb | 2 Pimentkörner | 2 Gewürznelken | 2 Kardamomkapseln | 1 Stange Staudensellerie | 1 Tomate | 500 ml Brühe | 2 Frühlingszwiebel | Himalaya Salz und Pfeffer

Zubereitung:

1. Die Schalotte und die Knoblauchzehe fein hacken und zusammen mit dem Currypulver im Öl leicht anrösten.
2. Piment, Nelken, Kardamom dazugeben und mit der Brühe aufgießen.
3. Einmal kurz aufkochen lassen.
4. Den Staudensellerie und die Tomaten klein schneiden und zusammen mit dem ganzen Fisch in den Sud geben.
5. Mit Salz und Pfeffer würzen und bei mittlerer Hitze für 12 Minuten köcheln lassen.
6. Die Frühlingszwiebel klein schneiden.
7. Den Fisch und das Gemüse aus dem Sud fischen, mit etwas Flüssigkeit anrichten und mit Frühlingszwiebel bestreuen.
8. Den restlichen Sud im Kühlschrank aufbewahren oder einfrieren.

Gebackener Camembert mit Speck

Kalorien: 708,6 kcal | Eiweiß: 56,5 Gramm | Fett: 51,8 Gramm | Kohlenhydrate: 4,8 Gramm

Zubereitungszeit: 12 Minuten

Zutaten für eine Portion:

1 Camembert mit etwa 125 Gramm | 6 dünne Scheiben Bauchspeck oder Bacon | 1 Messerspitze Paprikapulver scharf | 1 EL Mandelmehl | 1 Ei | 2 EL fettarme Milch | 4 EL fein geriebene Mandeln | 1 TL gehackter Rosmarin

Zubereitung:

1. Den Camembert mit dem Paprika einreiben und mit dem Speck gleichmäßig umwickeln.
2. Im Mandelmehl wälzen.
3. Das Ei mit der fettarmen Milch verquirlen und den Käse durchziehen.
4. Die geriebenen Mandeln mit dem Rosmarin vermengen und den Camembert darin panieren. Ein weiteres Mal den Käse durch das Ei ziehen und noch einmal panieren.
5. Auf den Grillrost setzen und das Backrohr auf 200° Celsius aufheizen.
6. Den Camembert für etwa 7 Minuten bei Umluft backen. Sie können den Camembert auch in der Heißluftfritteuse zubereiten.

Frittata mit Räucherlachs und Dill

Kalorien: 442,9 kcal | Eiweiß: 40,3 Gramm | Fett: 29,7 Gramm | Kohlenhydrate: 3,6 Gramm

Zubereitungszeit: 20 Minuten

Zutaten für eine Portion:

2 Eier | 60 ml Buttermilch | 100 Gramm Räucherlachs | Saft und Abrieb einer halben, unbehandelten Bio Zitrone | Himalaya Salz und Pfeffer | 1 EL Dill gehackt | 20 Gramm Butterkäse gerieben

Zubereitung:

1. Die Eier mit der Buttermilch verquirlen und mit Saft und Abrieb der Zitrone, mit Salz, Pfeffer und Dill würzen.
2. In eine runde Tarteform gießen und den grob geschnittenen Räucherlachs darauf verteilen.
3. Mit dem Butterkäse bestreuen und das Backrohr auf 190° Celsius aufheizen.
4. Die Frittata bei Ober,- und Unterhitze für 15 Minuten backen.
5. Dazu schmeckt ein kleiner gemischter Salat hervorragend, den Sie mit etwas Apfelessig und Olivenöl marinieren können.

Wurstsalat mit Radieschen, Chili und Koriander

Kalorien: 191,1 kcal | Eiweiß: 10,8 Gramm | Fett: 7,9 Gramm | Kohlenhydrate: 19,2 Gramm

Zubereitungszeit: 10 Minuten

Zutaten für eine Portion:

100 Gramm Geflügelwurst | 3 Radieschen | 2 Gewürzgurken ohne Zuckerzusatz | 1 rote Chili | 1/4 rote Paprika | 1/2 Chicoree | 1/2 Bund Koriander gehackt | 1 Tomate | Himalaya Salz | 2 EL Apfelessig | 4 EL Wasser oder Brühe | 1 EL Pflanzenöl

Zubereitung:

1. Die Geflügelwurst in dünne Streifen schneiden, die Radieschen und Gewürzgurken in Scheiben schneiden, Chili, Paprika, Chicoree und Tomate klein Würfeln.
2. Alles zusammen mit dem gehackten Koriander vermengen.
3. Aus Apfelessig, Wasser und Öl eine Marinade rühren, leicht salzen und den Wurstsalat damit anmachen.

Gemüse-Taler mit Speck und Käse überbacken

Kalorien: 390,1 kcal | Eiweiß: 23,3 Gramm | Fett: 27,7 Gramm | Kohlenhydrate: 11,9 Gramm

Zubereitungszeit: 20 Minuten

Zutaten für eine Portion:

1/2 Zucchini | 1/4 Möhre | 20 Gramm Knollensellerie | 1 TL Sesam | 1 Ei | 2 EL Haferkleie | 1 EL Mandeln gerieben | 1 TL Petersilie gehackt | Himalaya Salz und Pfeffer | 1/2 TL Liebstöckl gehackt | 20 Gramm Speck gewürfelt | 2 EL Bergkäse gerieben | etwas Majoran

Zubereitung:

1. Zucchini, Möhre und Sellerie sehr fein raspeln.
2. Zusammen mit dem Sesam, dem Ei, der Haferkleie und den Mandeln vermengen.
3. Die Petersilie und den Liebstöckl untermengen und mit Salz und Pfeffer würzen.
4. Aus dieser Masse mit feuchten Händen Taler formen und in einer beschichteten Pfanne für je 2 Minuten pro Seite braten.
5. Den Speck mit Bergkäse und Majoran vermengen.
6. Die Taler damit bedecken und auf ein mit Backpapier ausgelegte Backblech legen.
7. Bei Grillfunktion für etwa 3 Minuten gratinieren.

Hühnchen Caprese

Kalorien: 368,9 kcal | Eiweiß: 52,1 Gramm | Fett: 16,5 Gramm | Kohlenhydrate: 3 Gramm

Zubereitungszeit: 20 Minuten

Zutaten für eine Portion:

130 Gramm Hühnerbrust ohne Haut | 1 EL Olivenöl | etwas Abrieb einer unbehandelten Bio Zitrone | 1/2 Bund Basilikum | Himalaya Salz und Pfeffer | 1/2 Tomate | 1/2 Kugel Mozzarella

Zubereitung:

1. Das Hühnchen salzen und pfeffern.
2. Das Olivenöl mit dem Zitronenabrieb und dem Basilikum im Mixer zu einem Pesto verarbeiten.
3. Salzen und pfeffern und die Hühnerbrust damit bestreichen.
4. Die Hühnerbrust oben tief einschneiden und die Tomate und die Mozzarella in Scheiben schneiden.
5. Tomate und Mozzarella nun in die Einkerbungen des Hühnchens stecken.
6. Auf ein mit Backpapier ausgelegtes Backblech legen und bei 180° Celsius für 12 Minuten bei Ober,- und Unterhitze garen.

Gebackene Schinken-Käse-Röllchen mit Spargel

Kalorien: 560 kcal | Eiweiß: 37,3 Gramm | Fett: 38,4 Gramm | Kohlenhydrate: 16,3 Gramm

Zubereitungszeit: 16 Minuten

Zutaten für eine Portion:

8 Scheiben Putenschinken | 4 Scheiben Gouda | 2 Stangen grüner Spargel | 1 EL Mandelmehl | 1 EL fettarme Milch | 2 EL Walnüsse fein gerieben | Himalaya Salz und Pfeffer | 1 EL saure Sahne | 1/2 TL Senf ohne Zuckerzusatz

Zubereitung:

1. Jeweils zwei Scheiben Schinken überlappend aneinander legen und mit einer Scheibe Käse belegen.
2. Den Spargel halbieren und auf den Käse legen.
3. Den Schinken einrollen und im Mandelmehl wälzen.
4. Das Ei mit der Milch verquirlen und die Röllchen durchziehen.
5. In den Walnüssen panieren und auf ein mit Backpapier ausgelegtes Blech legen.
6. Bei 180° Celsius und Umluft die Röllchen für 6 Minuten backen.
7. Aus der sauren Sahne, dem Senf, Salz und Pfeffer einen Dip rühren und zu den Röllchen anrichten.
8. Sie können die Röllchen auch im Airfryer zubereiten.

Schnelle Low Carb Hauptgerichte

Diese Low Carb Rezepte eignen sich für schnelle Abendessen, um nach einem langen Arbeitstag nicht zu Fertigprodukten und Fast Food greifen zu müssen. Sie werden diese Rezepte lieben und überrascht sein, wie schnell sich diese Köstlichkeiten nachkochen lassen.

Low Carb Schlemmerfilet vom Seelachs

Kalorien: 319,1 kcal | Eiweiß: 29,9 Gramm | Fett: 20,3 Gramm | Kohlenhydrate: 4,2 Gramm

Zubereitungszeit: 25 Minuten

Zutaten für eine Portion:

140 Gramm Seelachs-Filet | Himalaya Salz | weißer Pfeffer | Zitronensaft | 1 EL Butter | 1 TL Dill gehackt | 1 TL Schnittlauch in Röllchen | 2 EL geriebene Mandeln | 1 Messerspitze Senf mittelscharf ohne Zuckerzusatz

Zubereitung:

1. Den Fisch salzen, pfeffern und mit dem Zitronensaft beträufeln.
2. Die Butter mit dem Dill, dem Schnittlauch, den Mandeln und dem Senf verkneten und auf dem Fisch verteilen.
3. In eine kleine Auflaufform geben und das Backrohr auf 180° Celsius aufheizen.
4. Den Fisch bei Ober,- und Unterhitze für 15 Minuten garen.
5. Aus dem Ofen nehmen und mit einem kleinen gemischten Salat genießen.

Zucchini Spaghetti mit Garnelen und Knoblauch

Kalorien: 159,7 kcal | Eiweiß: 21,8 Gramm | Fett: 5,7 Gramm | Kohlenhydrate: 5,3 Gramm

Zubereitungszeit: 12 Minuten

Zutaten für eine Portion:

1 Zucchini | 1/2 rote Zwiebel | 2 Knoblauchzehen | 1 EL Butter | 100 Gramm Garnelen ohne Schale | 1/2 rote Paprika | Saft einer halben Zitrone | Himalaya Salz | Pfeffer | 1/2 EL Koriander gehackt | 1/2 TL Rosmarin fein gehackt

Zubereitung:

1. Die Zucchini mit dem Sparschäler zu feinen Nudeln verarbeiten.
2. Zwiebel und Knoblauch hacken und die Paprika in Streifen schneiden.
3. Die Butter in einer Pfanne erhitzen und die Garnelen mit Zwiebel, Knoblauch und Paprika für 2 Minuten anbraten.
4. Die Zucchini-Nudeln hinzugeben und mit Rosmarin und Koriander durch schwenken.
5. Mit dem Zitronensaft ablöschen und mit Salz und Pfeffer abschmecken.
6. Für etwa 2 Minuten bei mittlerer Hitze dünsten und anrichten.
7. Nach Bedarf können Sie die "Nudeln" mit etwas geriebenem Parmesan verfeinern.

Italienischer Low Carb Burger

Kalorien: 297,5 kcal | Eiweiß: 36 Gramm | Fett: 15,1 Gramm | Kohlenhydrate: 4,4 Gramm

Zubereitungszeit: 15 Minuten

Zutaten für eine Portion:

150 Gramm Rinderhackfleisch | 1/2 Zwiebel | 1 Knoblauchzehe | 1/2 TL Senf scharf ohne Zuckerzusatz | etwas Thymian gerebelt | 1 Prise Kümmel gemahlen | 1 Tomate | 1/2 Kugel Mozzarella | 8 Blatt Basilikum | Salz und Pfeffer

Zubereitung:

1. Zwiebel und Knoblauch fein hacken und mit dem Fleisch und dem Senf verkneten.
2. Dezent mit Salz und Pfeffer würzen und mit Thymian und Kümmel würzen.
3. Mit feuchten Händen zu zwei Patties formen und in einer beschichteten Pfanne ohne Öl von allen Seiten für 2 Minuten braten.
4. Die Laibchen werden als "Burgerbrot" verwendet.
5. Tomate und Mozzarella in Scheiben schneiden und zusammen mit dem Basilikum zwischen die Fleischlaibchen schichten.
6. Auf ein mit Backpapier ausgelegtes Backblech legen und im Backrohr bei 200° für 3 Minuten backen.

Szegediner-Gulasch vom Huhn

Kalorien: 331,8 kcal | Eiweiß: 38,9 Gramm | Fett: 17,8 Gramm | Kohlenhydrate: 4 Gramm

Zubereitungszeit: 25 Minuten

Zutaten für eine Portion:

120 Gramm Hühnerschenkel ausgelöst | 1/2 Zwiebel | 1 Knoblauchzehe | 1 TL Tomatenmark ohne Zuckerzusatz | 1/2 TL Paprika mild | 1 Messerspitze Paprika scharf | Thymian getrocknet | Majoran getrocknet | Kreuzkümmel | 150 ml Hühnerbrühe | 50 Gramm Sauerkraut ohne Zuckerzusatz | Salz | Pfeffer | 1 EL Pflanzenöl | 1 EL Creme Fraiche

Zubereitung:

1. Das Hühnchen in 1 cm große Würfel schneiden, Zwiebel und Knoblauch klein hacken und zusammen im Pflanzenöl für gut 3 Minuten anbraten.
2. Das Tomatenmark hinzugeben und für 2 Minuten mitrösten.
3. Paprika und Thymian und Majoran dazugeben und kurz mitrösten.
4. Mit der Hühnerbrühe aufgießen und für 12 Minuten köcheln lassen.
5. Das Sauerkraut hinzugeben und mit Salz, Pfeffer und Kreuzkümmel würzen.
6. Nach 5 Minuten köcheln bei mittlerer Hitze anrichten und vor dem Servieren mit der Creme Fraiche garnieren.

Seeteufel-Spieß auf Salat von Tomaten und Frühlingszwiebel

Kalorien: 216,2 kcal | Eiweiß: 25,3 Gramm | Fett: 11,8 Gramm | Kohlenhydrate: 2,2 Gramm

Zubereitungszeit: 12 Minuten

Zutaten für eine Portion:

150 Gramm Filet vom Seeteufel | 2 Scheiben Bacon | Himalaya Salz | Steak Pfeffer | etwas Limettensaft | 1 Stange Zitronengras | 3 Frühlingszwiebel mit Grün | 40 Gramm Cherry Tomaten gelb | 40 Cherry Tomaten rot | 1/2 Bund Kerbel gehackt | 1 EL Apfelessig | 1 EL Olivenöl | 1 Spritzer Süßstoff

Zubereitung:

1. Den Fisch salzen, pfeffern und mit Limettensaft säuern und in 3 gleichgroße Stücke schneiden.
2. Abwechselnd mit dem Bacon auf dem Zitronengras aufspießen.
3. In einer Grillpfanne ohne Fett von allen Seiten für je 4 Minuten gut anbraten.
4. Die Frühlingszwiebel in Ringe schneiden, die Cherry Tomaten halbieren und mit den Frühlingszwiebel und dem Kerbel vermengen.
5. Mit einem Dressing aus Apfelessig, Olivenöl und Süßstoff marinieren und zusammen mit dem Spieß servieren.
6. Wenn Sie kein Zitronengras haben, können Sie auch gewöhnliche Holzspieße verwenden.
7. Das Zitronengras sorgt lediglich für ein besonderes, zusätzliches Aroma.

Gefülltes Putenschnitzel mit Käse, Zwiebel und Chili

Kalorien: 280 kcal | Eiweiß: 40,7 Gramm | Fett: 12 Gramm | Kohlenhydrate: 2,3 Gramm

Zubereitungszeit: 17 Minuten

Zutaten für eine Portion:

140 Gramm Putenschnitzel | Salz und Pfeffer | 20 Gramm Emmentaler Käse gerieben | 1/2 rote Zwiebel | 1 Chili rot | 2 Salbeiblätter | 1 EL Bergkäse gerieben

Zubereitung:

1. Die Pute dünn klopfen und mit Salz und Pfeffer würzen.
2. Die Zwiebel und die Chili in Scheiben schneiden und mit gehacktem Salbei, Emmentaler vermengen.
3. Auf dem Schnitzel verteilen und das Fleisch einklappen.
4. Mit einem Zahnstocher fixieren. Auf ein mit Backpapier ausgelegtes Backblech legen und mit dem Bergkäse bestreuen.
5. Das Backrohr auf 170° Celsius aufheizen und die Pute bei Ober,- und Unterhitze für 12 Minuten garen.
6. Das Fleisch schmeckt in Streifen geschnitten auch kalt als Snack ganz wunderbar.

Garnelen mit schwarzem Sesam auf Rucola

Kalorien: 350,9 kcal | Eiweiß: 31,7 Gramm | Fett: 21,3 Gramm | Kohlenhydrate: 8,1 Gramm

Zubereitungszeit: 11 Minuten

Zutaten für eine Portion:

140 Gramm Garnelen ohne Schale und geputzt | 1 EL Sesam Öl | 1 EL Sesam Samen schwarz | Saft und Abrieb einer unbehandelten Bio Limette | Himalaya Salz | Pfeffer | 50 Gramm Rucola | 1 EL geröstete Pinienkerne | 1/4 Paprika gelb | 2 Dattel Tomaten | 1 TL Himbeer Essig | 2 EL Wasser | 1 EL Walnuss Öl | 40 Gramm Himbeeren frisch oder TK

Zubereitung:

1. Die Garnelen im Sesam Öl für 2 Minuten glasig braten und mit dem Sesam bestreuen.
2. Mit Salz, Pfeffer, Limettensaft und Abrieb würzen.
3. Den Himbeer Essig mit mit Wasser und Walnuss Öl verrühren und dezent mit Salz und Pfeffer würzen
4. Die Paprika in Würfel und die Tomaten in Scheiben schneiden.
5. Beides mit dem Rucola vermengen und Pinienkerne und Himbeeren unterheben.
6. Mit dem Dressing marinieren und zusammen mit den Garnelen anrichten.
7. Eine Scheibe getoastetes Eiweiß-Brot passt hervorragend zu diesem Gericht.
8. In einer Kunststoff-Dose verpackt können Sie dieses Essen auch toll mit zur Arbeit nehmen, da die Garnelen auch kalt wunderbar aromatisch schmecken.

Rinderfilet mit gebratener Wassermelone

Kalorien: 319,3 kcal | Eiweiß: 34,8 Gramm | Fett: 16,5 Gramm | Kohlenhydrate: 7,9 Gramm

Zubereitungszeit: 10 Minuten

Zutaten für eine Portion:

180 Gramm Rinderfilet | Fleur de Sel | bunter Pfeffer | 1 Zweig Rosmarin| 2 Zweige Thymian | 2 Knoblauchzehen | 1 EL Olivenöl | 100 Gramm Wassermelone kernlos

Zubereitung:

1. Das Fleisch salzen und pfeffern und zusammen mit Rosmarin, Thymian und Knoblauch im Olivenöl braten.
2. Braten Sie das Fleisch von jeder Seite etwa 3 Minuten.
3. Sobald Sie das Fleisch wenden, geben Sie auch die Wassermelone mit in die Pfanne und rösten diese mit.
4. Alles zusammen anrichten und nach Bedarf noch etwas salzen und pfeffern.

Schweinefilet mit Paprika-Gorgonzola-Sauce

Kalorien: 232,4 kcal | Eiweiß: 37,6 Gramm | Fett: 7,6 Gramm | Kohlenhydrate: 3,4 Gramm

Zubereitungszeit: 12 Minuten

Zutaten für eine Portion:

150 Gramm Schweinefilet | 1 EL Olivenöl | 1 Schalotte | 1/2 rote Paprika | 1/2 TL Paprikapulver süß | 1 EL Apfelessig | 1 Messerspitze Ingwerpulver | 80 ml Brühe | 10 Gramm Gorgonzola oder Blauschimmelkäse nach Wahl | 1 EL Schnittlauch in Röllchen | Salz und Pfeffer

Zubereitung:

1. Das Schweinefilet in drei gleichgroße Medaillons teilen und diese mit der Hand leicht flach drücken.
2. Das Fleisch salzen und pfeffern und mit dem Paprikapulver einstreichen.
3. Die Schalotte und Paprika in Streifen schneiden.
4. Das Fleisch im Olivenöl auf beiden Seiten für je 2 Minuten anbraten, aus der Pfanne nehmen und warm stellen.
5. Schalotte und Paprika in derselben anrösten und mit Apfelessig ablöschen.
6. Mit Ingwer würzen und mit der Brühe aufgießen.
7. Kurz aufkochen lassen und den Gorgonzola ein bröseln.
8. Bei mittlerer Hitze unter ständigem Rühren den Käse schmelzen lassen.
9. Das Fleisch zurück in die Pfanne legen, kurz durch schwenken und anrichten. Vor dem Servieren mit Schnittlauch oder Kräutern Ihrer Wahl bestreuen.

Hackfleischpfanne mit Basilikum

Kalorien: 333,4 kcal | Eiweiß: 44,2 Gramm | Fett: 14,6 Gramm | Kohlenhydrate: 6,3 Gramm

Zubereitungszeit: 18 Minuten

Zutaten für eine Portion:

130 Gramm Hackfleisch vom Geflügel | 1/2 Zwiebel | 1/2 TL Currypaste rot aus dem Asia Laden | Saft einer halben Limette | 1/2 Stange Staudensellerie | 50 ml Kokosmilch | 1 Prise Xylit oder ein Spritzer Süßstoff | Sojasauce | Fischsauce | 8 Blatt Basilikum | 1 getrocknete Chilischote | 2 EL Haselnüsse gehackt | 50 ml Brühe | 1 TL Kokosöl

Zubereitung:

1. Die Zwiebel klein würfeln und zusammen mit dem Hackfleisch im Kokosöl anbraten.
2. Die Currypaste hinzugeben und für einige Minuten mitrösten.
3. Den Staudensellerie klein schneiden und in die Pfanne geben.
4. Mit Limettensaft, Sojasauce und Fischsauce würzen.
5. Die getrocknete Chilischote im Ganzen und die Haselnüsse hinzufügen und mit Süßstoff abschmecken.
6. Mit der Brühe ablöschen und mit der Kokosmilch aufgießen.
7. Für 5 Minuten bei mittlerer Hitze einkochen lassen, nach Bedarf nachwürzen und servieren.

Hühnerschnitzel in Parmesan-Ei-Hülle

Kalorien: 459,4 kcal | Eiweiß: 58,3 Gramm | Fett: 24,6 Gramm | Kohlenhydrate: 1,2 Gramm

Zubereitungszeit: 10 Minuten

Zutaten für eine Portion:

140 Gramm Hühnerschnitzel | Salz und Pfeffer | 2 Salbeiblätter | 1 EL Mandelmehl | 1 Ei | 3 TL Parmesan fein gerieben | 1 TL Pflanzenöl | 1 TL Butter

Zubereitung:

1. Das Schnitzel dünn klopfen, salzen und pfeffern und den Salbei gut am Fleisch andrücken.
2. Nun das Fleisch gut im Mehl wälzen.
3. Das Ei verquirlen und mit dem Parmesan vermengen.
4. Das Schnitzel durchziehen und rundum mit Ei benetzen.
5. Das Pflanzenöl zusammen mit der Butter in einer Pfanne erhitzen und das Schnitzel darin goldbraun backen.
6. Sie können das Schnitzel auch im Airfryer zubereiten.
7. Dazu den Garkorb mit Backpapier auslegen und das Schnitzel bei 180° Celsius für 10 Minuten backen.

Lachs mit Brokkoli und Karfiol aus dem Ofen

Kalorien: 460,7 kcal | Eiweiß: 32,4 Gramm | Fett: 32,7 Gramm | Kohlenhydrate: 9,2 Gramm

Zubereitungszeit: 15 Minuten

Zutaten für eine Portion:

130 Gramm Lachsfilet ohne Haut | 50 Gramm Brokkoli | 50 Gramm Blumenkohl | 100 ml Sahne | 2 EL Frischkäse | 1 EL Liebstöckl gehackt (Maggikraut) | Saft einer halben Zitrone | Salz und Pfeffer | 1 EL Mandelblättchen geröstet

Zubereitung:

1. Den Fisch salzen und pfeffern und in eine kleine Auflaufform legen.
2. Brokkoli und Blumenkohl in kleine Röschen schneiden und rund um den Fisch drapieren.
3. Den Frischkäse mit dem Liebstöckl und dem Zitronensaft vermischen und mit Salz und Pfeffer würzen.
4. Über dem Fisch verteilen und mit Mandelblättchen bestreuen.
5. Das Backrohr auf 180° Celsius aufheizen und den Fisch bei Umluft für 12 Minuten garen.

Schweinerückensteak mit Kürbiskruste

Kalorien: 452,5 kcal | Eiweiß: 44,3 Gramm | Fett: 25,7 Gramm | Kohlenhydrate: 11 Gramm

Zubereitungszeit: 18 Minuten

Zutaten für eine Portion:

160 Gramm Schweinerücken Steak ohne Schwarte | Salz und Pfeffer | 50 Gramm Kürbis | 1 EL gehackte Kürbiskerne | 1 Eigelb | etwas Majoran getrocknet | 2 EL Haferkleie | 1/2 TL Meerrettich frisch gerissen

Zubereitung:

1. Das Fleisch salzen und pfeffern und in einer Grillpfanne ohne Fett von beiden Seiten für je 2 Minuten braten.
2. Den Kürbis fein reiben und mit den gehackten Kürbiskernen, dem Eigelb, dem Majoran, der Haferkleie und dem Meerrettich vermengen.
3. Dezent salzen und pfeffern.
4. Das Fleisch damit bedecken und auf ein mit Backpapier ausgelegtes Backblech legen.
5. Das Backrohr auf 170° Celsius aufheizen und das Fleisch für 12 Minuten bei Ober,- und Unterhitze überbacken.

Hühnchen in Champignon-Sauce

Kalorien: 238,8 kcal | Eiweiß: 42 Gramm | Fett: 6,4 Gramm | Kohlenhydrate: 3,3 Gramm

Zubereitungszeit: 15 Minuten

Zutaten für eine Portion:

120 Gramm Hühnerbrust ohne Haut | 4 Champignons | 3 kleine Schalotten | 1/4 gelbe Möhre | 120 ml Hühnerbrühe | 2 EL saure Sahne | etwas Thymian frisch oder getrocknet | 1 TL Petersilie gehackt | Salz und Pfeffer | 1 Spritzer Zitronensaft

Zubereitung:

1. Das Hühnchen in dünne Streifen schneiden und die Champignons vierteln.
2. Die Möhre in kleine Würfel schneiden.
3. Die Brühe einmal aufkochen lassen und Fleisch, Champignons, geschnittene Schalotten und gewürfelte Möhre hinein geben.
4. Für 10 Minuten kochen lassen und anschließend die saure Sahne einrühren.
5. Mit Thymian würzen und mit Salz, Pfeffer und Zitronensaft abschmecken.
6. Für weitere 2 Minuten bei mittlerer Hitze simmern lassen und vor dem Servieren mit Petersilie bestreuen.

Zander mit Mandel-Spinat

Kalorien: 365 kcal | Eiweiß: 32,5 Gramm | Fett: 22,6 Gramm | Kohlenhydrate: 7,9 Gramm

Zubereitungszeit: 12 Minuten

Zutaten für eine Portion:

150 Gramm Zanderfilet | 80 Gramm Blattspinat | 1/2 Zwiebel | 1 Knoblauchzehe | 1 Messerspitze Natron | 2 EL Mandeln gehackt | 60 ml Sahne | Salz und Pfeffer | etwas Muskat gemahlen | etwas Zitronensaft | 2 TL Butter

Zubereitung:

1. Den Fisch salzen und pfeffern und mit dem Zitronensaft säuern.
2. In einem Teelöffel Butter mit der Hautseite nach unten braten.
3. Auf der Hautseite für 3 Minuten braten, von der Hitze nehmen, wenden und für 2 Minuten durchziehen lassen.
4. Zwiebel und Knoblauch klein schneiden und zusammen mit den gehackten Mandeln im restlichen Butter glasig anschwitzen.
5. Den Blattspinat grob hacken und hinzufügen.
6. Mit der Sahne aufgießen und Natron dazugeben.
7. Mit Salz, Pfeffer und Muskat würzen.
8. Für eine Minute köcheln lassen und zusammen mit dem Zander anrichten.
9. Sie können natürlich jeden Fisch Ihrer Wahl verwenden.
10. Dorsch, Barsch und Schellfisch eignen sich ebenso gut für dieses Gericht.

Kalbsschnitzel mit Schafskäse und Speck gratiniert

Kalorien: 558 kcal | Eiweiß: 39,9 Gramm | Fett: 43,6 Gramm | Kohlenhydrate: 1,6 Gramm

Zubereitungszeit: 14 Minuten

Zutaten für eine Portion:

140 Gramm Kalbsschnitzel | 1 EL Mandelmehl | Salz und Pfeffer | 1 EL Butter | 1 EL Speck gewürfelt | 30 Gramm Ziegenkäse weich | 1 TL Walnüsse gehackt | 1 EL Petersilie gehackt | 60 ml Gemüsebrühe

Zubereitung:

1. Das Schnitzel dünn klopfen, salzen und pfeffern und in Butter von bedien Seiten für je eine Minute anbraten.
2. Aus der Pfanne nehmen und das Mandelmehl in die verbliebene Butter einrühren.
3. Mit der Brühe aufgießen.
4. Mit dem Schneebesen durchrühren, einmal aufkochen und zur Seite stellen.
5. Das Schnitzel auf ein mit Backpapier ausgelegte Blech legen und die Speckwürfel mit Ziegenkäse, Walnüssen und Petersilie vermengen.
6. Auf dem Fleisch verteilen und bei 180° Celsius und Ober,- und Unterhitze für 8 Minuten backen.
7. Auf einem Teller anrichten, mit der Sauce übergießen und genießen.

Rehfilet auf Ofenkürbis

Kalorien: 366,7 kcal | Eiweiß: 33,4 Gramm | Fett: 24,7 Gramm | Kohlenhydrate: 2,7 Gramm

Zubereitungszeit: 18 Minuten

Zutaten für eine Portion:

140 Gramm Rehfilet | Salz und Pfeffer | 1 EL Olivenöl | 1/2 TL Petersilie gehackt | 1/2 TL Kerbel gehackt | 1/2 TL Rosmarin fein gehackt | 1 TL Haselnüsse gehackt | 80 Gramm Hokkaido Kürbis | etwas Thymian | 1 Messerspitze Paprikapulver mild | 1 Prise Zimt

Zubereitung:

1. Das Fleisch salzen und pfeffern und im Olivenöl von allen Seiten für etwa 3 Minuten anbraten.
2. Petersilie, Kerbel, Rosmarin und Haselnüsse vermengen und das Fleisch darin wälzen.
3. Die Panade mit den Händen gut andrücken.
4. Auf ein mit Backpapier ausgelegtes Blech legen.
5. Den Kürbis in etwa 0,5 cm dicke Scheiben schneiden und mit Thymian, Paprika, Zimt, Salz und Pfeffer würzen.
6. Ebenfalls auf das Backblech legen und alles zusammen bei 160° Celsius, bei Ober,- und Unterhitze für 15 Minuten garen.

Cremige Hackfleischpfanne mit Pilzen

Kalorien: 355,5 kcal | Eiweiß: 30,1 Gramm | Fett: 21,9 Gramm | Kohlenhydrate: 9,5 Gramm

Zubereitungszeit: 14 Minuten

Zutaten für eine Portion:

130 Gramm Rinderhackfleisch mager | 1/2 Zwiebel | 50 Gramm Pfifferlinge | 50 Gramm Kräuterseitlinge | 1/4 Birne | 2 EL Apfelessig | 100 ml Gemüsebrühe | 50 ml Sahne | Salz und Pfeffer | getrockneter Majoran | 1 EL Schnittlauch in Röllchen | 1 TL Olivenöl

Zubereitung:

1. Die Zwiebel klein schneiden und zusammen mit dem Hackfleisch im Olivenöl braten.
2. Die Pfifferlinge und Seitlinge in mundgerechte Stücke schneiden und ebenfalls in die Pfanne geben.
3. Die Birne würfeln, hinzufügen, durchschwenken und mit Apfelessig ablöschen.
4. Mit der Brühe aufgießen und mit Salz, Pfeffer und Majoran würzen.
5. Für etwa 8 Minuten köcheln lassen.
6. Mit der Sahne verfeinern, kurz simmern lassen, anrichten und vor dem Servieren mit Schnittlauch bestreuen.

Low Carb Snacks und Beilagen

Diese Low Carb Rezepte sind toll für den kleinen Hunger zwischendurch. Die kleinen Gerichte eigenen sich auch hervorragend als Beilagen für mittags und abends. Achten Sie beim Kombinieren der Snacks und Beilagen stets auf den gesamten, täglichen Umsatz der Kohlenhydrate. Kalorien und Fett sind bei einer Low Carb Ernährung nebensächlich - das bedeutet, dass Sie garantiert nicht hungern müssen, und dennoch in kürzester Zeit eine beachtliche Menge an Kilos verlieren werden.

Humus mit Staudensellerie

Kalorien: 131,2 kcal | Eiweiß: 9,2 Gramm | Fett: 2,8 Gramm | Kohlenhydrate: 17,3 Gramm

Zubereitungszeit: 6 Minuten

Zutaten für eine Portion:

80 Gramm Kichererbsen aus der Dose | 2 Knoblauchzehen | 2 EL Hüttenkäse | 1 Chilischote | 2 EL Orangensaft ohne Zuckerzusatz | Salz und Pfeffer | 2 Stangen Staudensellerie

Zubereitung:

1. Die Kichererbsen abseihen und zusammen mit dem Knoblauch, dem Hüttenkäse, der Chili und dem Orangensaft in den Mixer geben.
2. Zu einer cremigen Paste verarbeiten und mit Salz und Pfeffer abschmecken.
3. Den Staudensellerie in Stücke schneiden und den Humus damit dippen.
4. Dieser Aufstrich ist schmeckt auch toll auf einer Scheibe Eiweißbrot.
5. Sie können den Humus mit verschiedenen Kräutern Ihrer Wahl und unterschiedlichen Gewürzen immer neu zubereiten.
6. Humus ist sehr gesund und ein toller Lieferant für Vitamine und Mineralstoffe.
7. Gerade während einer Diät sollten Sie darauf großen Wert legen.

Kleine Low Carb Auberginen Pizza

Kalorien: 97,8 kcal | Eiweiß: 8,3 Gramm | Fett: 5,8 Gramm | Kohlenhydrate: 3,1 Gramm

Zubereitungszeit: 12 Minuten

Zutaten für eine Portion:

4 Scheiben Auberginen mit einer Dicke von ca. 1 cm | 3 EL Pizzatomaten ohne Zuckerzusatz | 20 Gramm Gouda | Oregano | Salz und Pfeffer | 2 EL Tunfisch aus der Dose - im eigenen Saft

Zubereitung:

1. Die Auberginen in einer Grillpfanne ohne Öl auf beiden Seiten kurz scharf anbraten.
2. Aus der Pfanne nehmen und auf ein mit Backpapier ausgelegtes Blech legen.
3. Salzen und pfeffern und mit den Pizzatomaten bestreichen.
4. Mit Gouda bestreuen und mit Oregano, Salz und Pfeffer würzen.
5. Mit Thunfisch bedecken und bei 200° Celsius für 6 Minuten bei Ober,- und Unterhitze backen.
6. Sie können die kleinen Pizzen natürlich nach Lust und Laune belegen.
7. Ob rein vegetarisch oder mit Schinken und Speck, der Fantasie sind keine Grenzen gesetzt.

Gebackene Zucchini-Sticks

Kalorien: 185,8 kcal | Eiweiß: 11,6 Gramm | Fett: 14,6 Gramm | Kohlenhydrate: 2 Gramm

Zubereitungszeit: 7 Minuten

Zutaten für eine Portion:

1/2 Zucchini | 1 Ei | 2 EL Mandelmehl | 2 EL Joghurt | Salz und Pfeffer | Öl zum Frittieren

Zubereitung:

1. Die Zucchini in Sticks schneiden, salzen und pfeffern.
2. Das Ei mit dem Mandelmehl und dem Joghurt verquirlen.
3. Die Sticks durchziehen und im heißen Öl backen.
4. Sie können die Sticks auch in der Heißluftfritteuse zubereiten.
5. Auch im Backofen bei Umluft und 200! Celsius lassen sich die Sticks in ca. 8 Minuten backen.
6. Genießen Sie die Sticks als Snack oder als Beilage, sie sind eine tolle Alternative zu herkömmlichen Pommes.

Karotten-Küchlein

Kalorien: 141,8 kcal | Eiweiß: 12,6 Gramm | Fett: 7,4 Gramm | Kohlenhydrate: 6,2 Gramm

Zubereitungszeit: 8 Minuten

Zutaten für eine Portion:

1/2 Möhre | 1 Ei | 2 EL Mandelmehl | Salz und Pfeffer | etwas Muskat gerieben

Zubereitung:

1. Das Ei schaumig schlagen und die Möhre fein raspeln.
2. Das Mandelmehl mit dem Ei vermengen und die geraspelte Möhre unterrühren.
3. Mit Salz, Pfeffer und Muskat würzen und in einer beschichteten Pfanne kleine Pfannküchlein backen.
4. Die Küchlein sind eine tolle Beilage zu allen Gerichten mit Saucen.
5. Sie können diese auch pur genießen oder mit etwas Sauerrahm bestreichen.

Honigschinken Omelette

Kalorien: 225,2 kcal | Eiweiß: 17,9 Gramm | Fett: 16,4 Gramm | Kohlenhydrate: 1,5 Gramm

Zubereitungszeit: 6 Minuten

Zutaten für eine Portion:

60 Gramm Honigschinken (1 Scheibe) | 1 Ei | etwas Thymian | 2 EL Milch | 1 EL Schnittlauch in Röllchen | Salz und Pfeffer

Zubereitung:

1. Das Ei mit dem Thymian, der Milch und dem Schnittlauch verquirlen und mit Salz und Pfeffer würzen.
2. Den Schinken durchziehen und in einer beschichteten Pfanne braten.
3. Mit dem restlichen Ei übergießen.
4. Stocken lassen und vorsichtig wenden.
5. Wer möchte kann auch etwas geriebenen Käse unter das Ei Mengen.

Low Carb Möhren Cheesy Fries

Kalorien: 115 kcal | Eiweiß: 6,4 Gramm | Fett: 7,8 Gramm | Kohlenhydrate: 4,8 Gramm

Zubereitungszeit: 15 Minuten

Zutaten für eine Portion:

1 Möhre | 1 EL Olivenöl | Salz und Pfeffer | 20 Gramm Käse gerieben

Zubereitung:

1. Die Möhre in etwa 0,5 cm dicke Stifte schneiden und auf ein mit Backpapier ausgelegtes Backblech legen.
2. Mit dem Olivenöl beträufeln und sparsam salzen und pfeffern.
3. Das Rohr auf 170° Celsius aufheizen und die Pommes bei Ober,- und Unterhitze für 8 Minuten backen.
4. Nun mit dem Käse bestreuen und für weitere 5 Minuten backen.
5. Sie können die Cheesy Fries zusätzlich mit sämtlichen Kräutern Ihrer Wahl, Chili oder Cayenne Pfeffer bestreuen.

Paprika mit Camembert überbacken

Kalorien: 132,5 kcal | Eiweiß: 12,7 Gramm | Fett: 6,5 Gramm | Kohlenhydrate: 5,8 Gramm

Zubereitungszeit: 7 Minuten

Zutaten für eine Portion:

1/2 gelbe Paprika | 1/2 rote Paprika | 30 Gramm Brombeeren | 50 Gramm Camembert | Pfeffer frisch gemahlen

Zubereitung:

1. Die Paprika in 2 cm dicke Streifen schneiden.
2. Ein Backblech mit Backpapier auslegen und die Paprika darauf verteilen.
3. Mit den Brombeeren belegen und mit dem in Scheiben geschnittenen Camembert bedecken.
4. Das Rohr auf 200° Celsius aufheizen und die Paprika bei Ober,- und Unterhitze für etwa 4 bis 5 Minuten überbacken.
5. Dieser fruchtig pikante Snack eignet sich auch toll als Beilage zu Steak und Wild.

Gebackener grüner Spargel mit Chili und Erdbeer-Dip

Kalorien: 196,8 kcal | Eiweiß: 13,5 Gramm | Fett: 14 Gramm | Kohlenhydrate: 4,2 Gramm

Zubereitungszeit: 10 Minuten

Zutaten für eine Portion:

4 Stangen grüner Spargel | 1 EL Mandelmehl | 1 Ei | 2 EL Mandeln gerieben | Salz und Pfeffer | 3 Erdbeeren | 1 EL Quark

Zubereitung:

1. Beim Spargel die unteren Enden abschneiden und der Länge nach halbieren.
2. Den Spargel im Mandelmehl wälzen.
3. Das Ei mit Salz und Pfeffer verquirlen und den Spargel durchziehen.
4. In den Mandeln panieren und auf ein mit Backpapier ausgelegtes Backblech legen.
5. Bei 160° Celsius und Ober,- und Unterhitze für 6 Minuten backen.
6. Sie können den Spargel auch im Airfryer frittieren.
7. Die Erdbeeren mit der Gabel oder dem Zauberstab zerdrücken und mit dem Quark verrühren und mit etwas Pfeffer bestreuen.
8. Den Dip zum Spargel servieren.

Pfannkuchen mit Speck und Frischkäse

Kalorien: 274,1 kcal | Eiweiß: 24,5 Gramm | Fett: 17,7 Gramm | Kohlenhydrate: 4,2 Gramm

Zubereitungszeit: 10 Minuten

Zutaten für eine Portion:

2 Eier | 50 ml fettarme Milch | 2 EL Mandelmehl | Salz und Pfeffer | 1 EL Petersilie gehackt | 2 EL Frischkäse | 2 EL Speck gewürfelt

Zubereitung:

1. Die Eier mit der Milch verquirlen und mit dem Mandelmehl glatt rühren.
2. Mit Salz und Pfeffer würzen und die Petersilie einrühren.
3. Den Teig in einer beschichteten Pfanne ohne Öl zu dünnen Pfannkuchen, sogenannten Palatschinken verarbeiten.
4. Aus der Pfanne nehmen und mit Frischkäse bestreichen und mit dem Speck belegen.
5. Die Pfannkuchen einschlagen und auf ein Backblech legen.
6. Bei 180° Celsius für 3 Minuten bei Ober,- und Unterhitze backen.
7. Sie können den Speck im Vorfeld in einer beschichteten Pfanne kurz anrösten.
8. So werden die Pfannkuchen besonders knusprig.

Low Carb Getränke

Gerade während einer Diät sollte ausreichend getrunken werden. Dabei ist es wichtig, nicht zu süßen Limonaden und Säften zu greifen. Auch Fruchtsäfte aus dem Handel sind meist mit viel Zucker versetzt und für eine Low Carb Ernährung nicht geeignet. Damit auch bei den Getränken keine Langeweile aufkommt und Sie Ihren Körper mit ausreichend Flüssigkeit versorgen können, haben wir hier einige sehr leckere Getränke für Sie vorbereitet. Smoothies und Shakes können durchaus auch ein Mittagessen ersetzen und bequem mit zur Arbeit genommen werden.

Low Carb Eiweißshake

Kalorien: 182,6 kcal | Eiweiß: 17,3 Gramm | Fett: 7,8 Gramm | Kohlenhydrate: 10,8 Gramm

Zubereitungszeit: 5 Minuten

Zutaten für eine Portion:

200 Gramm Kefir | 1 Eiklar | 1 EL Whey Pulver mit Vanillearoma | Süßstoff nach Bedarf

Zubereitung:

1. Alle Zutaten im Mixer zu einem cremigen Smoothie mixen.
2. Sie können den Drink auch mit dem Schneebesen herstellen.
3. Dazu schlagen Sie zuerst das Eiweiß zu einem steifen Schnee, rühren ihn mit Kefir glatt und arbeiten zügig das Whey Pulver ein.
4. Sie können natürlich Whey Pulver mit den unterschiedlichsten Geschmacksrichtungen verwenden.

Grüner Smoothie mit Mango und Ingwer

Kalorien: 32,1 kcal | Eiweiß: 0,7 Gramm | Fett: 0,1 Gramm | Kohlenhydrate: 7,1 Gramm

Zubereitungszeit: 3 Minuten

Zutaten für eine Portion:

150 ml grüner Tee kalt | 1 cm Ingwer frisch | 1 Spritzer Limettensaft | 1/2 Mango | Süßstoff oder Stevia nach Bedarf

Zubereitung:

1. Alle Zutaten in den Mixer geben und zu einem cremigen Shake verarbeiten.
2. Sie können für diesen Drink auch sämtliche andere Teesorten verwenden.
3. Am besten eignen sich neben grünen Tees diverse Kräutertees.
4. An heißen Tagen können Sie zusätzlich einige Eiswürfel in den Mixer geben und den Smoothie in einen erfrischenden Slushy verwandeln.

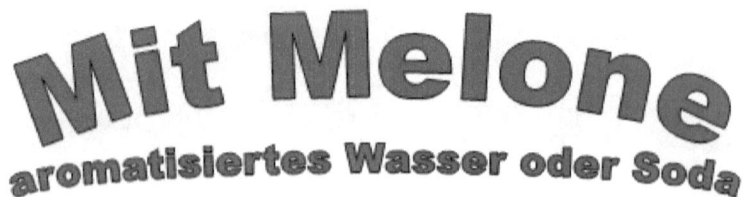

Mit Melone
aromatisiertes Wasser oder Soda

Kalorien: 53,9 kcal | Eiweiß: 0,9 Gramm | Fett: 0,3 Gramm | Kohlenhydrate: 11,9 Gramm

Zubereitungszeit: 2 Minuten

Zutaten für eine Portion:

1 Liter Wasser, Mineralwasser oder Sodawasser | 150 Gramm Wassermelone kernlos | 1/2 Bund Minze | Zitronensaft | Süßstoff nach Bedarf

Zubereitung:

1. Die Wassermelone grob schneiden, die Minze klein hacken und in einen Krug füllen.
2. Mit dem Wasser aufgießen und mit Zitronensaft und Süßstoff abschmecken.
3. Sie können auch Zitronenmelisse oder Basilikum verwenden und auch mit beeren schmeckt das Wasser erfrischend lecker.
4. Mit einer Scheibe frischem Ingwer verleihen Sie dem Wasser eine leichte, angenehme Schärfe.

Matcha Shake

Kalorien: 135,1 kcal | Eiweiß: 15,7 Gramm | Fett: 5,1 Gramm | Kohlenhydrate: 6,6 Gramm

Zubereitungszeit: 4 Minuten

Zutaten für eine Portion:

150 Gramm Joghurt | 50 Gramm Quark | 1 gestrichener TL Matcha Pulver | 1 Spritzer Limettensaft | 1 TL Whey Pulver natur | Süßstoff oder Stevia nach Bedarf

Zubereitung:

1. Alle Zutaten in den Mixer geben und auf höchster Stufe zu einem cremigen Shake verarbeiten.
2. Nach Bedarf süßen.

Chai Latte heiß oder kalt

Kalorien: 108,8 kcal | Eiweiß: 11,8 Gramm | Fett: 6 Gramm | Kohlenhydrate: 1,9 Gramm

Zubereitungszeit: 6 Minuten

Zutaten für eine Portion:

150 ml Chai Tee (indischer Gewürztee) | 1 EL Whey Pulver Vanillearoma | 50 Gramm Quark | 1 Messerspitze Zimt | 1 Prise Nelkenpulver | Süßstoff oder Stevia nach Bedarf

Zubereitung:

1. Alle Zutaten im Mixer zu einem cremigen Shake verarbeiten.
2. Für die heiße Variante verwenden Sie heißen Tee, für die kalte variante verwenden Sie kalten Tee und fügen dem Shake zusätzlich einige Eiswürfel hinzu.

Fruchtiger Low Carb Beeren-Shake

Kalorien: 29,7 kcal | Eiweiß: 1,1 Gramm | Fett: 0,5 Gramm | Kohlenhydrate: 5,2 Gramm

Zubereitungszeit: 5 Minuten

Zutaten für eine Portion:

20 Gramm Brombeeren | 30 Gramm Himbeeren | 30 Gramm Erdbeeren | 3 Minzblätter | 150 ml Apfel-Tee kalt | 1 Messerspitze Vanillemark | Süßstoff oder Stevia nach Bedarf

Zubereitung:

1. Alle Zutaten in den Mixer oder Smoothiemaker geben und zu einem cremigen Drink verarbeiten.
2. Sie können den Shake auch in einem hohen Gefäß mit dem Zauberstab zubereiten.

Low Carb Eiskakao mit Mandelmilch

Kalorien: 67,7 kcal | Eiweiß: 4,7 Gramm | Fett: 2,5 Gramm | Kohlenhydrate: 6,6 Gramm

Zubereitungszeit: 5 Minuten

Zutaten für eine Portion:

200 ml Mandelmilch | 2 EL Whey Pulver mit Schokoladengeschmack | 1/2 TL Kakao | 4 Eiswürfel

Zubereitung:

1. Alle Zutaten in den Standmixer geben und im Nu zu einem verführerischen Shake verarbeiten.
2. Dieser Drink eignet sich auch ideal, wenn sich der Heißhunger auf Süßes meldet.
3. Wenn Sie sich von Zeit zu Zeit einen süßen Shake gönnen, kommen Heißhunger Attacken gar nicht erst auf.

Tropischer Low Carb Eiweiß-Shake

Kalorien: 154,5 kcal | Eiweiß: 4,2 Gramm | Fett: 6,5 Gramm | Kohlenhydrate: 19,8 Gramm

Zubereitungszeit: 5 Minuten

Zutaten:

1/2 Mango | 30 Gramm Papaya | Saft und Abrieb einer halben unbehandelten Bio Limette | 100 ml Orangensaft frisch gepresst oder ohne Zuckerzusatz | 50 ml Kokosmilch | 1 TL Whey Pulver | Süßstoff oder Stevia nach Bedarf

Zubereitung:

1. Im Standmixer ist dieser exotische Shake im Handumdrehen zubereitet.
2. Dieser Shake eignet sich auch hervorragend als Frühstücksshake.
3. Geben Sie in diesem Fall noch einen Löffel Weizenkleie in den Shaker und süßen Sie nach eigenem Geschmack.

Low Carb Desserts

Auch wenn Sie sich nach der Low Carb Methode ernähren heißt das nicht, dass Sie auf Süßigkeiten verzichten müssen. Bei diesen verführerischen Rezepten können Sie bedenkenlos ohne Reue zugreifen und nach Herzenslust schlemmen.

Gebackenes
Low Carb Eis im Baisermantel

Kalorien: 178,4 kcal | Eiweiß: 5,5 Gramm | Fett: 4,8 Gramm | Kohlenhydrate: 28,3 Gramm

Zubereitungszeit: 8 Minuten

Zutaten für eine Portion:

1 Nektarine | 2 kleine Kugeln Low Carb Eis Vanille | 1 Eiweiß | 1 EL Xylit oder Süßstoff

Zubereitung:

1. Die Nektarine halbieren und den Kern entfernen.
2. Jeweils eine Kugel Eis in die Mulde setzen.
3. Das Eiweiß mit dem Süßstoff zu einem steifen Schnee schlagen und die Nektarine samt dem Eis damit ummanteln.
4. Auf ein mit Backpapier ausgelegtes Backblech legen und den Ofen auf 220° Celsius aufheizen.
5. Das Dessert bei Ober,- und Unterhitze für 3 Minuten backen, aus dem Ofen nehmen und sofort genießen.

Low Carb Frozen Joghurt

Kalorien: 236,2 kcal | Eiweiß: 11,2 Gramm | Fett: 14,2 Gramm | Kohlenhydrate: 15,9 Gramm

Zubereitungszeit: 8 Minuten Gefrierzeit: 6 Stunden

Zutaten für eine Portion:

120 Gramm Joghurt | 1 Eiklar | 1 EL Xylit oder Süßstoff | Mark einer halben Vanilleschote | etwas Abrieb einer unbehandelten Bio Limette | 50 ml Sahne

Zubereitung:

1. Das Joghurt mit dem Eiklar, dem Süßstoff, der Vanille und dem Abrieb glatt rühren.
2. Die Sahne steif schlagen und unterheben.
3. Die Masse in eine Schüssel füllen und für mindestens 6 Stunden einfrieren.
4. Aus dem Tiefkühler nehmen und im Mixer zu einem Frozen Joghurt verarbeiten.
5. Nach Bedarf mit frischen Beeren servieren und genießen.

Gratinierte Beeren

Kalorien: 117,5 kcal | Eiweiß: 5,9 Gramm | Fett: 4,7 Gramm | Kohlenhydrate: 12,9 Gramm

Zubereitungszeit: 10 Minuten

Zutaten für eine Portion:

80 Gramm Beerenmix frisch oder TK | 1 Ei | Saft und Abrieb einer halben unbehandelten Bio Orange | 1 TL Xylit, Stevia oder Süßstoff nach Bedarf

Zubereitung:

1. Das Ei mit dem Orangensaft und dem Süßstoff über einem heißen Wasserbad schaumig schlagen.
2. Die Beeren in eine kleine Auflaufform füllen und mit dem Abrieb marinieren.
3. Mit der Eimasse übergießen.
4. Den Ofen auf 220° Celsius aufheizen und die Beeren für 4 Minuten bei Ober,- und Unterhitze gratinieren.
5. Sie können die gratinierten Beeren zusätzlich mit einer Kugel Low Carb Eis genießen.

Apfel Crumble mit Low Carb Streusel

Kalorien: 273,4 kcal | Eiweiß: 11,2 Gramm | Fett: 20,2 Gramm | Kohlenhydrate: 11,7 Gramm

Zubereitungszeit: 12 Minuten

Zutaten für eine Portion:

1/2 Apfel | 1 Spritzer Zitronensaft | 20 Gramm Butter | 30 Gramm Mandelmehl | 1 Messerspitze Zimt | etwas Abrieb einer unbehandelten Bio Orange | Süßstoff nach Bedarf

Zubereitung:

1. Den Apfel in dünne Spalten schneiden und in eine kleine Tartform schichten.
2. Mit dem Zitronensaft beträufeln.
3. Die Butter in einer Pfanne schmelzen lassen und das Mandelmehl zusammen mit dem Zimt und dem Süßstoff einrühren.
4. So lange rühren, bis sich die Masse krümelig vom Pfannenboden löst.
5. Diese Krümel nun über den Äpfeln verteilen, mit dem Abrieb aromatisieren und in den Ofen schieben.
6. Bei 180° Celsius für 10 Minuten bei Ober,- und Unterhitze backen.

Verführerische Low Carb Brownies

Kalorien: 2972,3 kcal | Eiweiß: 47,5 Gramm | Fett: 187,5 Gramm | Kohlenhydrate: 273,7 Gramm

Zubereitungszeit: 25 Minuten

Zutaten für ca. 12 Brownies:

120 Gramm Butter | 3 Eier | 250 Gramm Xylit Schokolade zartbitter | 80 Gramm Xylit oder Stevia nach Bedarf | 60 Gramm Mandelmehl | 2 EL doppelt entölter Kakao | 1 Packung Backpulver | 1 Prise Himalaya Steinsalz

Zubereitung:

1. Die Butter schaumig schlagen und ein Ei nach dem anderen in die Butter einrühren.
2. Die Schokolade in einer kleinen Pfanne unter ständigem Rühren schmelzen lassen und zügig in die Buttermasse einrühren.
3. Süßstoff, Mandelmehl, Kakao, Backpulver und Salz einrühren.
4. Die Teigmasse in eine leicht gebutterte Auflaufform füllen.
5. Die Maße 25 cm x 25 cm passen hierfür optimal.
6. Den Ofen auf 175° Celsius aufheizen und die Brownies bei Ober,- und Unterhitze für 20 Minuten backen.
7. Aus dem Ofen nehmen und in 12 Stücke schneiden.
8. Die Nährwertangaben dieses Rezeptes beziehen sich auf 12 Stück.

Low Carb Muffins mit Ingwer und Vanille

Kalorien: 943,1 kcal | Eiweiß: 43,3 Gramm | Fett: 81,1 Gramm | Kohlenhydrate: 10 Gramm

Zubereitungszeit: 20 Minuten

Zutaten für 4 Muffins:

2 Eier | 90 Gramm Mandelmehl | 1 Packung Backpulver | 3 EL griechischer Joghurt | Mark einer Vanilleschote oder Vanille Aroma | 1 Messerspitze Ingwer frisch gerieben oder Pulver | 2 EL gehackte Walnüsse | 4 Walnuss Hälften

Zubereitung:

1. Die Eier trennen und das Eiklar mit dem Schneebesen oder Handmixer zu einem steifen Schnee verarbeiten.
2. Die Eidotter mit dem griechischen Joghurt glatt rühren und das Mandelmehl und das Backpulver einarbeiten.
3. Vanille, Ingwer und gehackte Walnüsse einrühren und anschließend den Eischnee behutsam unterheben.
4. Den Teig in vier Muffinformen füllen.
5. Je eine Walnuss Hälfte auf ein Muffin setzen.
6. Das Backrohr auf 170° Celsius aufheizen und die Muffins bei Ober,- und Unterhitze für etwa 15 Minuten backen.
7. Sie können die Muffins mit einem Häubchen aus geschlagener Vanille-Sahne servieren und haben so im Handumdrehen Low Carb Cup Cakes gezaubert.

Low Carb Schokoladen-Eis

Kalorien: 1130,2 kcal | Eiweiß: 26,3 Gramm | Fett: 66,6 Gramm | Kohlenhydrate: 106,4 Gramm

Zubereitungszeit: 10 Minuten Gefrierzeit: mindestens 6 Stunden

Zutaten für vier Portionen:

2 Eier | 1 Eiklar | 100 Gramm Xylit Schokolade zartbitter | 2 EL Xylit, Stevia oder Süßstoff | 200 ml Sahne

Zubereitung:

1. Die Eier mit dem Süßstoff schaumig schlagen und das Eiklar mit unterrühren.
2. Die Schokolade über einem heißen Wasserbad schmelzen lassen.
3. Zügig mit dem Schneebesen in die Eimasse einrühren.
4. Die Sahne steif schlagen und behutsam unterheben.
5. Die Masse in eine Wanne füllen und für mindestens 6 Stunden einfrieren.
6. Aus dem Tiefkühler nehmen und insgesamt 4 Portionen Eis entnehmen.
7. Die Nährwertangaben sind für 4 gesamte Portionen berechnet.

Crepes mit Beeren-Mus

Kalorien: 418,6 kcal | Eiweiß: 17,1 Gramm | Fett: 33,4 Gramm | Kohlenhydrate: 12,4 Gramm

Zubereitungszeit: 9 Minuten

Zutaten für eine Portion:

2 Eigelb | 60 ml Sahne | 2 EL Kokosmehl | 1 Prise Himalaya Salz | 50 Gramm Waldbeeren frisch oder TK | 2 EL Hüttenkäse | 1 TL Xylit oder Süßstoff | etwas Abrieb einer unbehandelten Bio Orange

Zubereitung:

1. Die Eigelb mit der Sahne verquirlen und mit dem Kokosmehl und Salz glatt rühren.
2. In einer beschichteten Pfanne den Teig ohne Fett zu dünnen Crepes backen.
3. Die Beeren mit dem Hüttenkäse, Süßstoff und Abrieb mit dem Zauberstab pürieren.
4. Die Crepes mit dem Mus begießen und servieren.
5. Nach Bedarf mit etwas Puderxylit bestreuen.
6. Auch ein Klacks Sahne passt hervorragend zu dieser kleinen, fruchtigen Köstlichkeit.

Joghurt Pudding mit Gelee

Kalorien: 163,6 kcal | Eiweiß: 12,4 Gramm | Fett: 6,8 Gramm | Kohlenhydrate: 13,2 Gramm

Zubereitungszeit: 8 Minuten Kühlzeit: mindesten 4 Stunden

Zutaten für eine Portion:

150 Gramm Joghurt | 1 TL Chia Samen | 1 EL Xylit oder Süßstoff | etwas Vanille Aroma | etwas Abrieb einer unbehandelten Bio Limette | 50 ml frisch gepressten Grapefruit Saft | 1 Messerspitze Sofort-Gelatine

Zubereitung:

1. Den Joghurt mit den Chia Samen, dem Sü0stoff, der Vanille und dem Limettenabrieb glatt rühren.
2. In ein Gläschen füllen.
3. Den Grapefruitsaft gut mit der Sofort-Gelatine verrühren, bis diese sich vollständig aufgelöst hat.
4. Über dem Joghurt verteilen und im Kühlschrank für mindestens 4 Stunden, am besten über Nacht stocken lassen.

Low Carb Karotten-Muffins mit Zimt und Kakao

Kalorien: 964,4 kcal | Eiweiß: 49,8 Gramm | Fett: 77,6 Gramm | Kohlenhydrate: 16,7 Gramm

Zubereitungszeit: 20 Minuten

Zutaten für 4 Muffins:

60 Gramm Butter | 2 Eier | 2 EL Joghurt | 90 Gramm Mandelmehl | 1/2 Packung Backpulver | 100 Gramm Möhren fein geraspelt | 2 EL fein gehackte Pistazien | 1 Messerspitze Zimt | 1 EL doppelt entölter Kakao | 1 Prise Himalaya Salz | 2 Spritzer Süßstoff

Zubereitung:

1. Die Butter schaumig schlagen und ein Ei nach dem anderen in die Butter einrühren.
2. Mit dem Mandelmehl glatt rühren und Backpulver, Joghurt, Möhren, Pistazien, Zimt, Kakao, Salz und Süßstoff einarbeiten.
3. Die Masse in vier Muffinformen verteilen. Bei 180° Celsius bei Ober,- und Unterhitze für 15 Minuten backen.

Bonus zur maximalen Fettverbrennung

Besonders abends ist es wichtig, dass Sie so wenig Kohlenhydrate als möglich konsumieren. Ein toller Eiweiß-Booster sind Shakes und Joghurts, die Sie auch direkt vor dem Schlafengehen genießen können. Durch das verdauen und Aufspalten der Eiweiße wird der Stoffwechsel auch im Schlaf zusätzlich angeregt. Achten Sie jedoch beim Kauf von Joghurt und Co. darauf, dass diese keinen versteckten Zucker enthalten. Fruchtjoghurts aus dem Handel sind Tabu, auch wenn diese als "Light" tituliert sind. Wenn Sie Appetit auf Fruchtjoghurt haben, stellen Sie dieses selbst her und fügen dem Natur-Joghurt einige frische Beeren, Wassermelonen oder Früchte mit niedrigem Zuckergehalt hinzu. Bananen und Weintrauben sollten Sie so gut als möglich meiden.

Greifen Sie zu Gewürzen und vermeiden Sie Salz so gut es geht. Wenn Sie zu Salz greifen, dann sollte es sich hierbei um hochwertiges Himalaya Salz oder Steinsalz handeln. Kräuter sind immer eine gute Wahl und verleihen den Speisen ein anregendes Aroma. Auch Chili und Ingwer sind Gewürze, die Sie unbedingt verwenden sollten. Die ätherischen Öle und die Schärfe kurbeln Ihren Stoffwechsel an und stärken zusätzlich das Immunsystem.

Bei Ölen sollten Sie zu hochwertigen Pflanzenölen greifen. Wenn in unseren Rezepten von Pflanzenöl gesprochen wird, können Sie nach eigenem Geschmack zwischen Sonnenblumen-Öl, Kokosöl, diversen Nuss Ölen oder auch Rapsöl entscheiden. Das wichtigste ist, dass diese Öle nicht raffiniert wurden, sondern es sich dabei um biologisch verarbeitete Öle handelt. Auch Butter ist während der Low Carb Ernährung absolut erlaubt. Sie sollten Butter auch bevorzugen und lieber als Margarine oder vermeintlichen Light-Aufstrichen auf Butter Basis verwenden.

Beim Kauf von Gemüse sollten Sie grünes Gemüse bevorzugen. Dieses besitzt besonders wenig Kohlenhydrate. Von Spinat über Kohl bis hin zu Blattsalaten ist alles erlaubt. Lassen Sie sich vom Angebot auf dem Markt inspirieren. Sie können mit diesen Gemüsesorten natürlich jedes Gericht individuell Ihren Vorlieben adaptieren.
Vergessen Sie nicht, ausreichend zu trinken. Nicht umsonst wird stets von einer Menge von 2 bis 3 Litern gesprochen. Wasser vertreibt nicht nur Heißhunger Attacken. So schwemmen Sie auch die Giftstoffe aus Ihrem Körper und erhalten dadurch neue Energie. Ihre Haut wird strahlend und straff.

Wenn Sie für Ihre Desserts und Nachspeisen Schokolade und Kakao kaufen, sollten Sie zu hochwertigen Produkten greifen. Wählen Sie Kakao mit hohem Kakaoanteil, der doppelt entölt wurde. Dieser ist nicht nur sehr kräftig und aromatisch, er besitzt auch weniger Kohlenhydrate. Bei Schokolade greifen Sie am besten zu dunkler Xylit Schokolade. Wenn Sie zwischendurch Lust auf Süßes haben, können Sie auch gerne ein Stückchen Schokolade ohne schlechtem Gewissen genießen.

Genuss ist das A und O dieser Ernährung. Nehmen Sie sich zeit zum Essen. Setzen Sie sich an den Tisch, schaffen Sie eine angenehme Atmosphäre und essen Sie nicht einfach zwischendurch und nebenbei. Sie sollten während des Essens nicht Zeitung lesen, das Internet durchstöbern oder Fernsehen. Wenn Sie sich ausschließlich aufs Essen konzentrieren, werden Sie auch schneller satt.

Natürlich spielt auch die Bewegung eine große Rolle. Wenn Sie etwas Sport betreiben, so werden Sie viel schneller größere Veränderungen an ihrem Körper bemerken. Planen Sie am besten zweimal pro Woche einen ausgedehnten Spaziergang ein, fahren Sie mit dem Fahrrad zur Arbeit und nehmen Sie wirklich die Treppen anstatt mit Aufzug oder Rolltreppe zu fahren. Diese kleinen Schritte, die Sie mehr unternehmen zeigen unterm Strich eine enorm große Wirkung.

Wenn Sie nach einer Umstellung der Ernährung Ihr Wunschgewicht erreicht haben, sollten Sie zwei mal pro Woche einen strengen Low Carb Tag einplanen. So stellen Sie sicher, dass Sie Ihr mühsam erreichtes Gewicht auch halten können. Im Gegenzug können Sie auch während der Low Carb Diät nach etwa einem Monat beginnen, einmal pro Woche ein Gericht mit Kohlenhydraten zu genießen. So können Sie zum Beispiel am Sonntag eine Portion Reis zum Schnitzel oder eine Portion Nudeln zum Geschnetzelten essen. Gönnen Sie sich dies aber wirklich nur einmal pro Woche und übertreiben Sie es nicht mit der Größe der Portion. Wenn Sie zum Beispiel morgens nicht auf Brot und Gebäck verzichten möchten, besorgen Sie sich Low Carb Eiweißbrot. Dies ist in vielen Bäckereien zu erhalten, Sie können es aber auch rasch selbst backen. Jedoch ist auch Low Carb Brot nicht dazu geeignet, in großen Mengen verzehrt zu werden. Eine Scheibe Brot täglich sollte Ihr persönliches Maximum sein.

Mit diesen kleinen Tipps und Anregungen und mit unseren schmackhaften Gerichten erreichen auch Sie garantiert rasch Ihr Wohlfühl Gewicht, ohne hungern zu müssen.

Viel Spaß beim Kochen und abnehmen!
Euer Food Experts-Team

Impressum
© 2018 Paul Kurpiela
Auflage 2017
Umschlaggestaltung, Illustration: Paul Kurpiela
Föhrenstr. 8 77656 Offenburg
paul.kurpiela@gmail.com
Das Werk, einschließlich seiner Teile, ist urheberrechtlich geschützt. Jede Verwertung ist ohne Zustimmung des Verlages und des Autors unzulässig. Dies gilt insbesondere für die elektronische oder sonstige Vervielfältigung, Übersetzung, Verbreitung und öffentliche Zugänglichmachung.Bibliografische Information der Deutschen Nationalbibliothek:
Die Deutsche Nationalbibliothek verzeichnet diese Publikation in der Deutschen Nationalbibliografie; detaillierte bibliografische Daten sind im Internet über http://dnb.d-nb.de abrufbar.
Rechtliches & Haftungsausschluss
Der Autor übernimmt keine juristische Verantwortung und keinerlei Haftung für Schäden, die aus der Benutzung dieses Buches entstehen. Außerdem ist der Autor nicht verpflichtet, Folge- oder mittelbare Schäden zu ersetzen. Gewerbliche Kennzeichen- und Schutzrechte bleiben von diesem Titel unberührt. Das Werk ist einschließlich aller Teile urheberrrechtlich geschützt. Das vorliegende Werk dient nur den privaten Gebrauch. Alle Recht, auch die der Übersetzung, des Nachdrucks und der Vervielfältigung dieses Titels oder von Teilen daraus, verbleiben beim Autor. Ohne die schriftliche Einwilligung des Autors darf kein Teil dieses Dokumentes in irgendeiner Form oder auf irgendeine elektronische oder mechanische Weise für irgendeinen Zweck vervielfältigt werden. Suchen Sie bei unklare oder heftigen Beschwerden unbedingt einen Arzt auf! Die Informationen in diesem Buch sind vom Autor sorgfältig recherchiert und zusammengestellt worden, sie können aber keineswegs einen Arzt ersetzen! Die hier dargestellten Informationen dienen nicht Diagnosezwecken oder als Therapieempfehlungen. Eine Haftung des Autor für Personen-, Sach- und Vermögensschäden durch dieses Buch wird ausgeschlossen.

www.ingramcontent.com/pod-product-compliance
Lightning Source LLC
Chambersburg PA
CBHW020451220526
45464CB00002B/944